中国文学人类学原创书系

熊图腾
中华祖先神话探源
（增订本）

叶舒宪 ◎ 著

陕西师范大学出版总社

图书代号：SK18N0191

图书在版编目(CIP)数据

熊图腾：中华祖先神话探源／叶舒宪著．—增订本．—西安：陕西师范大学出版总社有限公司，2018.3
（中国文学人类学原创书系）
ISBN 978-7-5613-9833-3

Ⅰ．①熊…　Ⅱ．①叶…　Ⅲ．①图腾崇拜—研究—中国　Ⅳ．①B933

中国版本图书馆 CIP 数据核字(2018)第 035917 号

熊图腾：中华祖先神话探源
XIONG TUTENG：ZHONGHUA ZUXIAN SHENHUA TANYUAN

叶舒宪　著

责任编辑	王文翠
责任校对	刘存龙
装帧设计	田东风
出版发行	陕西师范大学出版总社
	（西安市长安南路 199 号　邮编　710062）
网　　址	http://www.snupg.com
印　　刷	西安市建明工贸有限责任公司
开　　本	720mm×1020mm　1/16
印　　张	16.5
插　　页	2
字　　数	244 千
版　　次	2018 年 3 月第 1 版
印　　次	2018 年 3 月第 1 次印刷
书　　号	ISBN 978-7-5613-9833-3
定　　价	78.00 元

读者购书、书店添货或发现印刷装订问题，影响阅读，请与营销部联系、调换。
电话:(029)85307864　85303635　传真:(029)85303879

总 序

2018年，正值中国改革开放40周年纪念之际，陕西师范大学出版总社推出"中国文学人类学原创书系"，对改革开放的时代大潮在人文学界催生的这个新兴学科，给出一个较全面的回顾与总结，以便继往开来，积极拓展人文学科的教学与研究新局面，可谓恰逢其时。

50后这代人的青春岁月，激荡在汹涌澎湃的"文革"浪潮之中。"文革"后的改革开放，相当于天赐给这一代知识人第二次青春。1977年恢复高考，我们在1978年春天步入大学校园，那种只争朝夕、如饥似渴的求学景象，至今仍历历在目。改革开放带来"科学的春天"，也第一次带来人文科学方面的世界景观。正如改革的基本方向是向发达国家学习市场经济模式一样，人文学者们也投入全副精力，虚心学习借鉴国际上先进的理论与研究方法。"神话－原型批评"就是当时的新方法论讨论热潮中，最早进入我们视野的一个理论流派。1986年我编成译文集《神话－原型批评》时，先将长序刊发在《陕西师范大学学报》上，文中介绍原型理论的宗师弗莱的观点时讲道：

> 物理学和天文学形成于文艺复兴时期，化学形成于18世纪，生物学形成于19世纪，而社会科学则形成于20世纪。系统的文

学批评学知识到了今天才得以发展。……正像自然科学体系的建立有赖于把握自然界本身的规律。一部文学作品,它所体现的规律性因素不是作家个人天才创造发明的,而是在文学的历史发展中,在文化传统中所形成的,这种规律性的因素就是原型。

从文学史的考察中可以看到,文学作为一个有机整体,植根于原始文化,最初的文学模式必然要追溯到远古的宗教仪式、神话和民间传说中去。"这样说来,探求原型实际上就是一种文学上的人类学"。

当时无论如何也不曾想到,这样一段话,居然能够准确地预示这一批学人后来几十年学术探索的方向。"文学人类学"这个名称,也就由此在汉语学术界里发端。10年之后的1996年,在长春召开的中国比较文学学会第五届学术年会上,中国文学人类学研究会宣告成立(首任会长为萧兵先生),如今简称"文学人类学研究会"。从研究文学的神话原型,到探索华夏文明的思想、信仰和想象的原型,这一派学者如今正式提出的大小传统理论和文化文本符号编码理论,可以说早已全面超越了当年所借鉴学习的原型批评理论,走出文学本位的限制,走向融通文史哲、宗教、艺术、心理学的广阔领域。

从1986到2018,整整32年过去了,我们也经历了自己人生从而立到花甲的过程。如今我们要解读的是5000多年前的先于华夏文明国家的"文化文本",阐发的是河南灵宝西坡仰韶文化大墓的神话学内涵。这是当年完全没有预料到的。是问题意识,先把我们引入文化人类学的宽广领域,再度引入中国考古学的全新知识世界,这样的跨越幅度,的确是当初摸索文学人类学研究范式时所始料未及的。

从原型批评倡导的文学有机整体论,拓展到文化符号的有机整体论、史前与文明贯通的文化文本论,这就是我们努力探索近40年的基本方向。自从西周青铜器上出现"中国"这个词语,至今不过3000年时间。2018年2月4日,我第二次给国家图书馆"文津讲坛"开设讲座,题目是"九千年玉文化传承"。今日的学者能够在9000年延续不断的文化大背景中研究

"中国"和"中国文学",这就是从先于文字的文化大传统,重新审视文字书写小传统的一套完整思路。相信这样一种前无古人的理论思路和研究范式,是本土学者对西方原型批评方法的全面超越和深化,这将会引向未来的知识更新格局。

本丛书要展示这40年的探索历程,以萧兵先生为首的这一批兴趣广泛的学人是如何一路走来,并逐渐成长壮大的。本丛书将给这个新兴学科留下它及时的也最有说服力的存照。希望后来者能够继往开来,特别注重不断发展和完善中国版的文化理论和文学理论,包括作为文史研究当代新方法论的三重证据法和四重证据法。

是为丛书总序。

叶舒宪

2018年2月7日于北京太阳宫

自 序
2006，我的"熊年"

爆竹声中一岁除。狗年刚刚过去，迎来又一个猪年。可对我来说，逝去的这一年似乎是个"熊年"。

本书记述的，就是我在"熊年"中考察中华熊图腾神话的始末。为一年的探究、研究做个专题的年记，是以前没有尝试过的写作形式。我希望通过这个形式，把在学术论文和专著中都无法展现的探索和思考过程，也真实地呈现出来。这样或许能够给自己也提供一个自我检讨的机会——从二十多年前译介和实践西方的原型批评，到如今探寻中华祖先图腾神话，拓展国学的新领域。这或许能见证一个人文研究者的自我超越之路。

在这一年之中，五出长城，两下长江，在我的一生中，算得上席不暇暖的时期，跑路最多的一年。仅在国内的旅程，就有两三万公里。对于从事比较文学专业的学人来说，案头工作是本职。这样的奔走，究竟为什么呢？回顾年内跑的地方，有半数是参加学术会议和活动，其余主要是在北方、中原和西北的民间考察，看省、市、县级及至学校的博物馆，探讨一些考古现场。为的是探索光靠书本知识无法解决

印第安萨满听熊神烟斗

前往东千佛洞的旅程

的问题——中华祖先图腾神话的源流线索。

在如今的大众媒体里,"图腾"一词,已经被宽泛地理解为某一族群的文化符号。可是在学界,对这个外来词还存在着很大争议。其中有两种倾向值得注意,一种是泛图腾主义:大凡在古代神话传说和今天的民俗中见到动物、植物、星象等,都要看成是古人的图腾崇拜对象。另一种是反图腾说,认为这个词只能适用于它的原产地——美洲印第安原始文化,不能像标签一样随意套用在其他文化中。我以为,这两种倾向都有失偏颇。图腾是随着西学东渐而传入我国的人类学术语。近一个世纪以来已经成为历史文化研究中的常见词。其中有相当大一部分是泛图腾主义的贡献,引起严谨学人的反感,在所难免。这里需注意的是,区分

龙的原型考察可依据实物图像,南京博物院藏春秋双熊龙首玉璜

熊真的笨吗？北美棕熊智擒游鱼

一般的自然崇拜和图腾崇拜：自然崇拜指对自然物的神圣化，把动物植物等视为神明。而图腾崇拜也同样要圣化某些自然物，但是该动物或植物还必须被看成和自己的氏族或族群具有血缘的或者亲缘的关系，被直接认同为自己族群的先祖（或者先祖之化身）。诸如印第安人的狼氏族和熊氏族、龟氏族等，一目了然。我们中国人通常习惯说自己是"龙的传人"，但莫须有的动物龙是不是华夏族的祖先图腾呢？证明起来头绪太纷繁，难以得出统一的认识。古今学人在这方面所做的探索已经汗牛充栋，过去大都倾向于从文字训诂入手，对

在礼县秦宫遗址发掘现场

祁连山雄关下的连霍高速旅途 　　　礼县秦先公大墓周围布满盗墓洞穴

浩如烟海的文献古籍中的记载做考证。

对于远古的神话宗教一类文化现象,仅凭文字和文献记载去研究,很多东西是无法理解的,需要配合实地考察,寻找分析和破解的线索,再回过来对照书本中的记载,以及世界其他地方的对应现象。这样的多方对照的立体视野,应说是迄今为止,探讨此类远古文化问题的较周全的方式方法,比纯粹学院式的书本作业——钱钟书先生曾经讥讽为"从图书馆到图书馆的搬家工程"(大意),自然是另一种境界。对于人文学者来说,也许无论什么样的知识学习、传授方式都无法替代那种身临其境的现场的体验感。这种从亲历经验中获得的体悟,是学问境界真正突破所谓语言牢房和文字桎梏的拘限,而导向活的历史情境与真实世界的法宝。借用我们传统国学的一个说法,叫"格物致知"。如今的大学里,文科方面"格物"的传统完全断绝了。知识的传承蜕变成了清一色的"读书致知"。倒是物理、化学、生物等科目需要

三星堆巨型青铜纵目面具

实验,美术需要写生,这些专业的学生还有对"物"的接触。而大部分的学院人士被所谓"学科建设"的目标假象所蒙蔽,根本没有意识到被书本束缚的巨大副作用。致使如今的学院派人士,整天陷入一种循环运动而不自知:忙于填表申报课题,编造纸上谈兵、不

格物致知:英国美术生在大英博物馆东方馆写生

断重复的所谓研究成果,出版学术垃圾以便交差,换取名实不符的所谓职称。这样一种的循环,对于个人来说是浪费生命,对于国家来说是空耗人力、物力和财力资源。其荒唐之状,不亚于当年的全民大炼钢铁运动。不信就去图书馆和书店看看吧:各种各样的所谓"文学史",五花八门的所谓"美学"或曰"美学原理",汗牛充栋,令人目不暇接;而十之八九陈陈相因,面目似曾相识,看去有根有据,读来无滋无味。换言之,单纯的读书致知方式,在某种意义上具有认识上的悖论性质,用通俗的比喻来说,就好像缘木求鱼,或者像盲人摸象。个中关系在于:与实际发生过的过程相比,与实际

曾侯乙墓编钟复原

存在过的形态相较,诉诸语言,就是损失,诉诸文字,更是挂一漏万。不论是秦始皇陵兵马俑庞大地下军阵,还是三星堆巨型青铜人造型,它们之所以给今天的参观者带来心灵的震撼,就因为它

湖北博物馆放映厅模拟编钟演奏

们全都是浩如烟海的传世文献中完全没有记述的,也就是靠读书致知的方式所根本意料不到的。如果你每天上午11点到武汉的湖北省博物馆的小放映厅,亲自聆听一下出土的战国编钟模拟演奏贝多芬《欢乐颂》,你就会突然觉悟:我们的祖先为什么要赞叹"黄钟大吕",孔子那么发达的音乐感(闻《韶》后三月不知肉味)是在怎样一种高度发达的音乐背景中熏陶出来的,而两千多年前的伟大音乐生态环境在后代为什么逐渐退化甚至失传了。相对于编钟演奏的宏大深沉与丰富变化,我们今人所津津乐道的卡拉

秦始皇陵一号坑兵马俑军阵后视图

OK一类音乐实践,又多么像古代君子们所鄙夷的"靡靡之音"。我们大学课堂上讲《诗经》"钟鼓乐之",也成了毫无音乐体验基础的纸上谈乐。

从这一意义上讲,我们长久以来奉为神圣的所谓"历史",也可以做新的反向理解:被有限的文字记载所遮蔽和所遗忘的东西。

实物:辽宁建平牛河梁出土红山文化双熊首三孔玉雕

这一理解意味着对中国文化的两种不同研究路径:一种是传统史学的路子,从书本到书本,被古人用文字记下来的东西牵着走。另一种是我所希望的,从书本到实地和实物,到被文字记载所遮蔽和所遗忘的广阔天地中去探求。相比而言,后一种路子显然更具有探索—发现的乐趣。这也就解释了为什么我一年之中十次背包出远门,每一次都不会感到疲倦的原因吧。古人说的开卷有益,在这里拓展成了

南京博物院藏良渚文化玉殓葬实景墓葬

实地:大漠包围中的安西东千佛洞

敦煌莫高窟

开车跑路有益。好像幅员辽阔的国土上,到处充满着期待,有新的未知世界在等待着你那种感觉,实在是研究者的内在动力。

文化人类学在20世纪90年代新兴的"物质文化"(Material Culture)研究潮流,可以相对地弥补和纠正纯学院式的文本研究之偏失。从哲学认识论的角度看,从文本回到实物,对应的是现象学所说的"返回事物本身"。当然,这种认识的回归是有条件的。人们首先会发问:有多少实物可供我们去感知去格物呢?《女神文明》的作者金芭塔斯,之所以破天荒地大胆提出欧洲史前曾经存在一种女神文明,是以近10万件正式发掘出土的雕像和陶器图案的分析统计为依据的。《古代中国尘封的王朝》(2002)一书编者,汉学家戴尔·布朗做出一个估算:仅中国大陆就曾有上万个古墓被盗掘。这和由官方组织的专业发掘的数量相比,虽不能说九牛比一毛,至少也是千百倍之差吧。另据民间的估算,我国曾

西夏女像石碑座,宁夏博物馆藏

有数以万计的人从事和探墓、文物买卖相关的活动。事实上,真实的数据是无法统计也无人统计的。

回顾20世纪以来,国学传统中最具开创性的新领域,不是和挖掘有关,就是和"盗宝"相联系。比如说甲骨学,就发端于中药铺子里出售的安阳地下掘出的"龙骨"。再比如敦煌学,开始

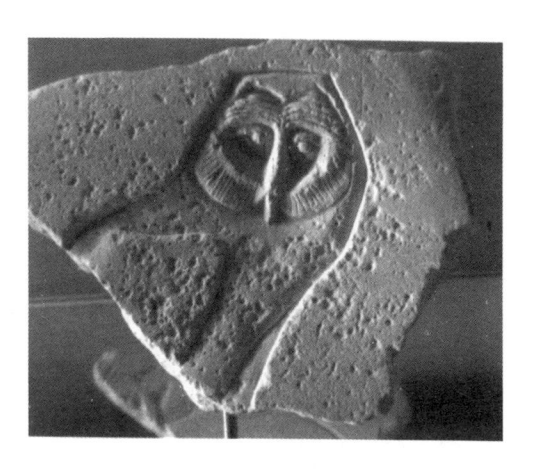

古埃及法老陵墓神鸮浮雕

于外国文化人从藏经洞里盗宝出境。西夏学,始于俄国盗宝者科兹洛夫在内蒙古黑水城掠回圣彼得堡的西夏文书与文物。所有这些新挖掘出土和重新问世的文化遗迹,都相继成为国学传统现代复兴中最具活力的新分支。这个事实难道还不足以惊醒我们,如何到传世文献之外去寻求解决历史文化难题的途径吗?

我2005年11月在四川大学所做的一场报告中,斗胆提出"第四重证据",强调古代的实物和图像(包括正式考古发掘的和民间传世的)资料对于研究古代文化所特有的"视觉说服力"(另外三重证据分别是传统文字训诂、出土的甲骨金文等和多民族民俗资料)。这篇稿子几经周折,一年之后总算刊出(载《文学评论》2006年第5期),但是作为证据的图像却全部被砍掉了。文中所举案例是鸱鸮即猫头鹰如何在汉语文本中被建构为恶鸟的误读史。意在说明,相对于大传统的文物和图像所述说的猫头鹰文化史,小传统的汉语文本所述说的鸱鸮是怎样被遮蔽和扭曲的。

本书可以说是对四重证据研究方法的进一步尝试:在汉语书写文本的非常有限的记录之外去寻求新的直观材料,试图重构出一个失落已久的熊神崇拜传统的线索。而这个熊图腾神话传统的深厚程度是足以让令人瞠目结舌的,因为它的由来比我们通常说的中华五千年文明还要早至少三千年!

这本书中某些先发表的内容引起出版界老朋友的关注。可惜文章发

白玉雕熊母

表时都被删去了图像,让我的四重证据全然落空。我的看法是,在后现代知识观中,图像的作用已经超越了唯文字至上千年代里的所谓插图,它们不再满足于充当活跃文字阅读效果的附庸或调料。因为图像所代表的实物和想象物,足以充当引领文字躯壳的叙事魂灵,成为实现对读者——观众的视觉说服的呈堂证据!在本书中,各种熊神-熊人、人罴的造型,变形和异形的熊偶像,不光是给对文字阅读感到疲劳的读者轻松消遣用的,也不光是给收藏界、美术专业人士和艺术设计者做参考的,也具有给单纯钻故纸啃文献的人洗脑子的作用,即拓展思维空间和想象力的作用。

为什么需要这种拓展呢?因为我们现代人,在动物园和马戏团之外,几乎是看不到熊的。在今天的儿童心目中,既缺乏对自然状态的野生熊类的真实感知,又根本不了解中华熊文化造型的悠久传统,所以笨笨熊或小熊维尼一类西化的、商业化的、卡通化的熊形象占据了统治地位,也就在所难免。而我们日常语言中的狗熊、熊包等词汇,几乎成了清一色的骂人话。面对这种现象,我既有一种文化断根的刺痛感,也希望能够在考古、收藏界、美术界和学术界之间架起沟通的桥梁:让我们的收藏更加具有历史文化品位,也让我们将来的福娃选秀之类活动更加具有本土传统底蕴,让大众的审美趣味能够有些许的学术基础或学术引导。

关于熊与人关系的新知识,狗年除夕央视10频道有个《绿色空间》节目,展示了四川山区一村民黄长学"与熊共舞"的真切生活场景,非常具有启发性。如果不是眼见为实,今人恐怕决不会相信:作为万物之灵的人和

汉画像——熊伏二犀图

今人已经难以看到野生状态的熊

熊这样的猛兽之间还会建立起唇齿相依的感情关系！对于古人说的黄帝时代可以驯养熊作为战斗力量的神话，也从一个侧面给了充分肯定的暗示。

  本书不是从自然科学立场，做生物学、动物学意义上的熊罴探究，而是要揭示熊的文化意蕴，特别是这种来自大自然的生灵在何时进入中国文化传统之中，被先民所赋予的信仰意义、宗教价值和神话想象。更重要的是，要在整个欧亚美三大洲的广阔背景中探讨熊图腾文化的所以然，即解说为什么人类先民会普遍地、不约而同地赋予熊这种动物以神圣品性。熊图腾信仰和相关神话背后的仿生学和生态学底蕴，究竟有多么深厚，它又能给日益远离大自然的现代人带来怎样的自我反思与批判的契机？

目 录

壹　朝圣牛河梁，恍悟熊图腾 ······ 001

　　长城内外是一家 ······ 003
　　赤峰的"中华第一龙" ······ 010
　　牛河梁熊头之谜 ······ 017

贰　林西石熊再发现 ······ 029

　　敖汉"秦俑"留悬念 ······ 031
　　被遗忘的林西 ······ 035
　　解读石熊：神秘数字"六" ······ 040

叁　北大－哈佛的神话会 ······ 053

　　北大赛克勒博物馆的熊头 ······ 055
　　熊图腾神话的源流 ······ 057
　　熊图腾与史前女神宗教 ······ 058
　　印第安人的图腾制度 ······ 062
　　从考古材料看中国史前熊女神 ······ 069

熊龙说与欧亚大陆的熊祖神话 ················· 075

肆　图腾批评的是与非 ························· 079

　　什么是"图腾批评"？ ······················· 081
　　对"图腾说"的不满 ························ 086
　　图腾信仰与神话 ··························· 089
　　图腾是原始宗教的主要形式 ················· 092

伍　冬眠之熊与鲧、禹、启神话之谜 ············· 097

　　从熊穴启闭获得的启发 ····················· 099
　　透视鲧、禹和启祖孙三代神话之谜 ··········· 103

陆　熊图腾：从神话到小说 ····················· 113

　　季节循环的象征 ··························· 117
　　复活的象征 ······························· 120
　　佛的象征：能仁与熊菩萨 ··················· 123

柒　"熊节"解谜 ······························· 129

捌　没有熊的国度 ····························· 137

　　熊图腾问鼎中原？ ························· 139
　　飞往没有熊的国度 ························· 142
　　另类玉文化 ······························· 146
　　关于熊的若干发现 ························· 150

玖　秦人崇拜熊吗？——中原通古斯人假说与秦文化源流 ······· 157

　　陇南访古与"熊"邂逅 ····················· 159
　　嬴姓的文化符号寻根 ······················· 165
　　嬴秦与熊图腾的考古新证 ··················· 169

发现"熊鸟" 174
司马迁所记秦神话与历史 177
秦人是通古斯人吗? 182
史前玉文化的证据 187
两对师徒的宏大假说 190
熊图腾:中韩文化的纽带 194

尾声:中华祖先神话之源 199

广州南越王墓出土的熊形象 203
熊为百兽之王? 206
熊与兽面纹及饕餮 208
熊如何演化为龙? 210
汉武帝陵前的熊人交媾石雕 211
古代六礼之玉璜以双熊首玉器为原型 213

附　录 215

"熊"与"能"——有熊部落故里新郑能庄考察记 217
《天问》"虯龙负熊"神话解——四重证据法应用示例 224
高台魏晋墓　三叹熊图腾 235
鸮熊再现镇原 239

壹 朝圣牛河梁，恍悟熊图腾

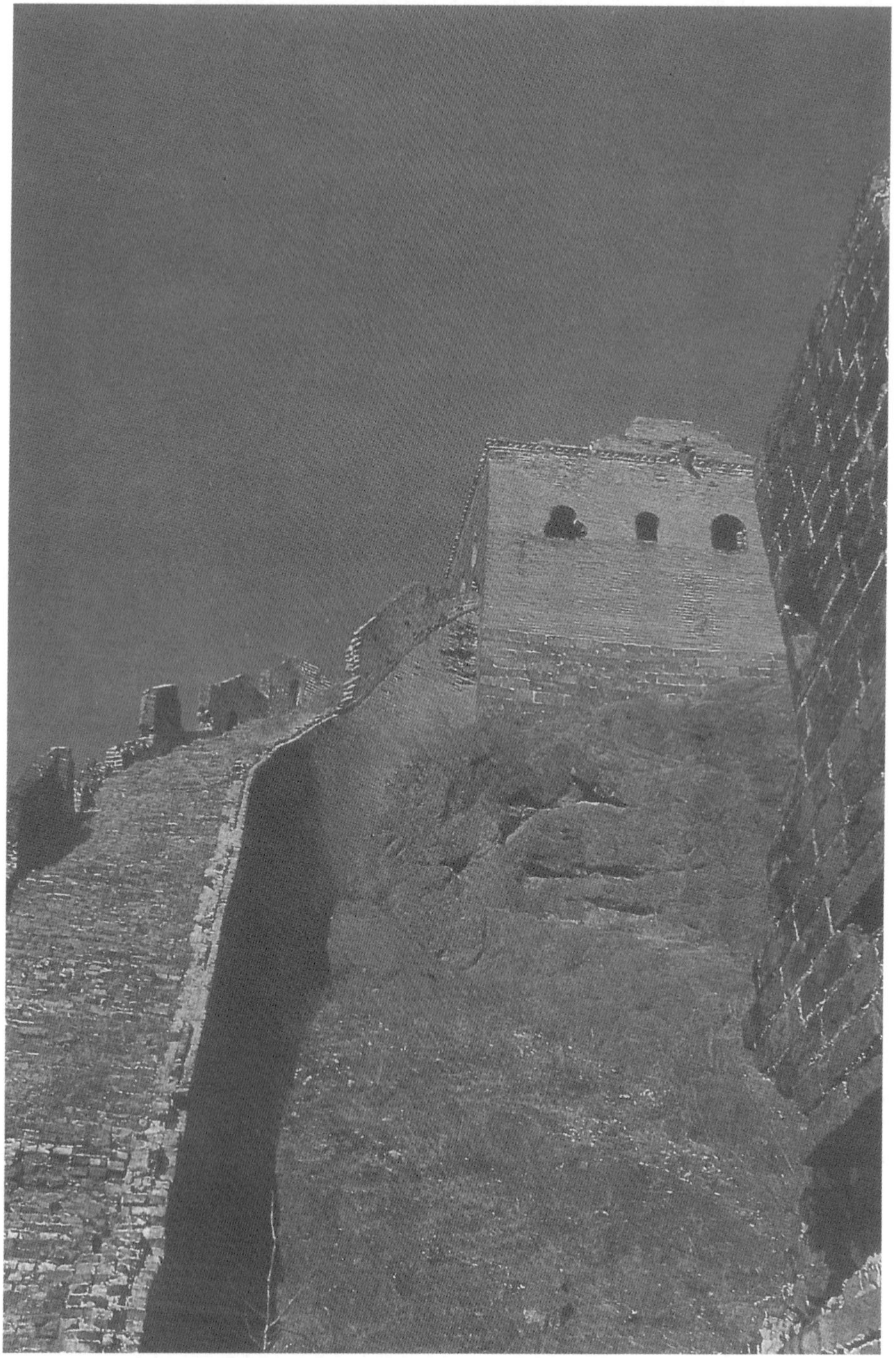

长城内外是一家

2006年4月6日晚,春寒料峭,我来到北京的西直门火车站,准备乘当晚夜车奔赴内蒙古的赤峰,探访红山文化遗址。

西直门火车站现在又称北京北站,只因为有了后修的西客站,原来位于城西的这个老站就让出了自己的本名。不过北站之名也有一个好处,就是指明火车去向。凡是往北京以北地方去的列车,如去八达岭、古北口、隆化、承德、赤峰一带,多由此发车。在我的记忆中,大约四十年前的小学时代曾经从这里坐火车去八达岭长城。当时交通远不及现在这样发达,去

明长城河北段 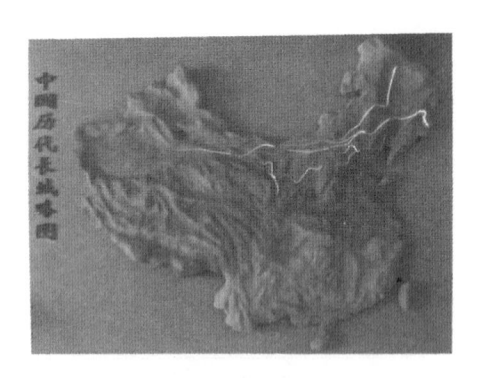　　　　　　　　历代长城示意图

明长城宁夏段 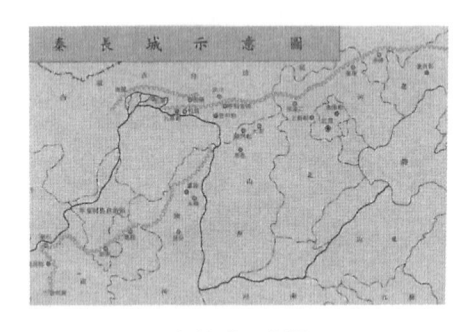　　　　　　　　秦长城示意图

一趟长城已经算得上出远门了。光阴似箭,一转眼四十年过去了,此次和我同行的是相识十多年的陈岗龙教授。记得1993年夏在张家界的比较文学年会上,他还是稚气未脱的蒙古族小伙子,如今已是北京大学东方学院的栋梁。他主办的蒙古文学会议邀我来交流,会间我提议一起去赤峰考察,于是就有了这次出行。

列车隆隆向北驶去,城市的灯火渐渐稀疏,隐隐可见远山的轮廓,就要走出长城了。

午夜时分,列车过古北口。我脑海中不禁浮现出2003年在清华召开中美比较文学会议期间,陪同耶鲁大学的代表去八达岭游玩时的场景。几位外国老教授登箭楼俯瞰塞外群山时,那种兴奋万分的神情,至今还历历在目。不过,这些外国人或许并不了解,北京的八达岭长城作为首都郊外的旅游胜地,虽然名气很大,但并不是秦始皇、汉武帝时代所造的古长城,而是几百年前新修的明代长城!就连密云水库边上的古北口、司马台等长城景点,也都是明代的。秦长城和汉长城要远得多,位置在明长城以北数

明长城出土铜令牌   **汉长城烽燧出土石磨**

百公里的地方。按照"长城内外是一家"的比喻,赤峰,连同今日的辽宁沈阳,河北北部诸县市,如张家口和阳原县,内蒙古的呼和浩特以及包头,都是在秦长城和汉长城之界内的!如此说来,我们如今要去探访的赤峰、辽西的史前红山文化区,其实也不是什么塞外,而是关内。走出明长城的旅程,会给今人造成一种假象,形成历史的错位。

赤峰,顾名思义,是红色山峰的意思。20世纪初的日本学者在这里发现史前文化,命名为"红山文化"。作为赤峰市标志的大 C 字龙,原件是用墨绿色玉制作的,又称"碧玉龙"(《赤峰古代艺术》)、"猪首龙"或"猪龙"。如今不仅赤峰市以它为城市标志,就连华夏银行也用它来做自己的品牌符号。这件号称"中华第一龙"的珍贵文物,标志着构成中华文化传统核心

长城甘肃段遗迹

的两大符号——龙文化与玉文化的合流。中华神圣象征物早在史前时代就以精美玉雕形象出现在赤峰地区,这个发现开启了关于中华文明起源的新思路:从单一的中原起源观,转向更加多元化的、中原之外的新空间。中国考古学会原理事长夏鼐先生就表示:"我这一辈子考古未出关,这次要走出山海关了。"

明长城嘉峪关城楼桶瓦

我原先没有想到,一个从事比较文学专业的研究者,居然也会步考古专家的后尘,来做这样一种知识上的探险。夏鼐先生1910年出生,长我父亲六岁,清华大学历史系毕业后留英深造,在伦敦大学考古学院获得博士学位。1950年后在中国科学院考古研究所历任副所长、所长。自中国社会科学院从中科院分家独立以后,20世纪80年代他还任过副院长。让我感到遗憾的是,临行前翻阅夏先生的《考古学论文集》,没有看到他关于红山文化的研究高见。不过在相关报道中,多少了解到牛河梁建筑群被发现的经过。

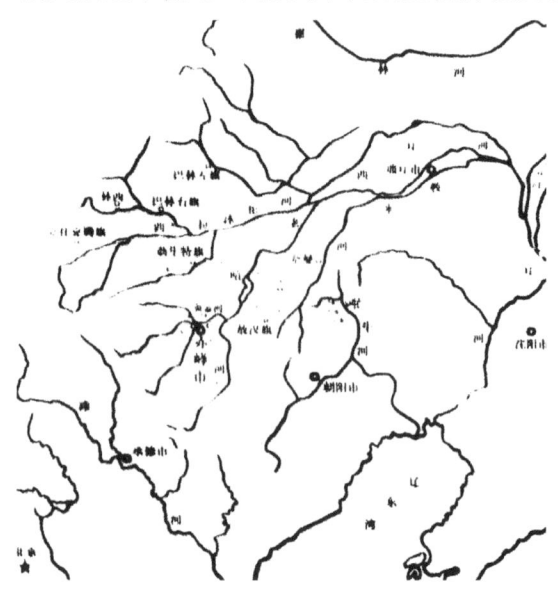

赤峰地区考古示意图

想象边关:唐瓜州城遗址

夜色苍茫,在经历了一段幽暗的旅程之后,前方又浮现出了一片璀璨的灯火,到滦平了。它的东面就是承德。这个以清朝皇帝避暑山庄而著称的地方,从名称上听,倒是有点儒家伦理的含义。过了北纬41°的滦平、承德一线再往北,人们印象中已经是古代北方戎狄的区域了。其实这里离两千年前的"秦时明月汉时关"还很远呢。五千年前建立有熊国的黄帝族也在这一带活动过吧。《山海经》里说黄帝以玉为食,不是隐约地透露着有熊国与赤峰地区兴隆洼文化以来八千年的崇玉文化传统的联系吗?赤峰地区发现史前玉雕龙,虽然对华夏文明起源于中原的传统观念造成巨大的冲击,但是还不能说是来自塞外异族的文化他者。

河南出土商王城青铜兽面

黄帝故里双熊石雕像

记得考古学家苏秉琦早在 1982 年就提出：中华民族是个大熔炉。与各地域相比，最复杂、最具典型性的是长城地带这个熔炉。苏秉琦敏锐地认识到：北方的红山文化与中原的仰韶文化之间的相互作用，辽河流域与黄河流域的史前文化之间的互动关系，是揭开中华文明起源之谜的一个关键。如果引申苏先生的观点，可以说，在商周两代确立以河南为"中国"（中原）的地理观之前，史前时代曾经有过以河北为中原的观念。《禹贡》所言九州之"冀州"，《淮南子》所言"正中冀州为中土"，似保留着这种更加古老的"中国"观。神话世界观的想象中心叫"宇宙之肚脐"，"冀"这个古名当之无愧。有了这种北移的史前"中国"观，就好理解为什么相传炎黄大战的地点在河北北部的桑干河一带。若将"逐鹿中原"的说法还原一下，如今在涿鹿东边几十公里的北京，不也是当年的"中原"吗？

赤峰的"中华第一龙"

4月7日晨7点,列车到达赤峰,用时九个多小时,行程四百八十六公里。内蒙古的早春比北京凉多了。赤峰学院的两位教授冒着寒风前来热情迎接。一位是蒙文系的系主任王其格先生,另一位是历史系的系主任兼红山文化国际研究中心副主任徐子峰先生。当天的日程已经安排妥当,上午参观历史系和博物馆,下午和同学们见面交流。

由于大家对赤峰的远古文化有着共同的兴趣,初次见面就有谈不完的话题。首先谈到的自然就是前面提到的号称"中华第一龙"的大C字龙被发现的经过,套用《易经》中的说法,可谓"现龙在田"。王、徐两位教授栩栩如生的描述,使我仿佛身临其境。

1975年夏,辽宁考古所的孙守道、郭大顺、郭文宣三人从赤峰到克什克腾旗做野外调研,在翁牛特旗文化馆见到这件玉龙,通高26厘米,外

翁牛特旗黄谷屯发现的红山文化C字龙

观雕成开口的C形椭圆环状,无爪无角无鳞,素面磨光,头像猪又似鹿,长嘴上翘,头顶至颈背扬起一长鬣,与商周战汉以下的龙造型明显有别。当时还没有关于红山文化出土玉器的系统经验,所以无法断定这玉龙的产生年代。C字龙是在1972年初,一次雨水冲刷后的山坡上暴露出来的,由当地乌丹镇三星他拉村一农民捡到,放在自家院子里给孩子当玩具用,后被偶然来到家中做客的文化馆人员看到,用了二十元人民币采集回来。孙守道等通过文化馆找到那位农民,希望能到出土现场找寻一些线索。可惜时过境迁,那农民已经记不清三年前C形大玉龙得见天日的具体位置了。他们不甘心,就在该山坡周围方圆一二里的地方做探察,结果除了一些碎陶片以外,并没有什么新发现。那默默无言的C字龙,空有二十六厘米高的纯玉身躯,还要躺在旗文化馆的库房里继续它的"潜龙勿用"的屈尊蛰伏期。直到20世纪80年代中期,翁牛特旗广德公镇黄谷屯发现了一件同类型稍小的黄色玉C字龙,以及其他正式发掘出土的红山玉器,大C字龙才获得"中华第一龙"的殊荣,被选送到北京的国家博物馆。

假如那年孙守道等人真的挖掘出更多的文物,限于当时的意识形态背景,恐怕也不会得到多么大的重视。历史性的际遇好像注定要发生在改革开放以后的80年代!再一次的"现龙在田",发生在一个谁也不曾料到的日子——1984年8月4日。牛河梁小山坡

积石冢

牛河梁4号墓双熊龙出土位置之一

牛河梁4号墓双熊龙出土位置之二

的公路下方,在一片积石冢群中的一座石板墓(后标号为4号墓)穴中,考古工作者发现墓主胸前放置着一青一白两个玉雕龙。由于该墓冢群属于红山文化遗迹,玉龙的制作年代一下子提前到五千年前。这也就使孙守道等人重新给70年代所见到的赤峰C字龙断代,从原初假定的西周时代,改判为新石器时代。于是"龙出辽河"这个命题呼之欲出。

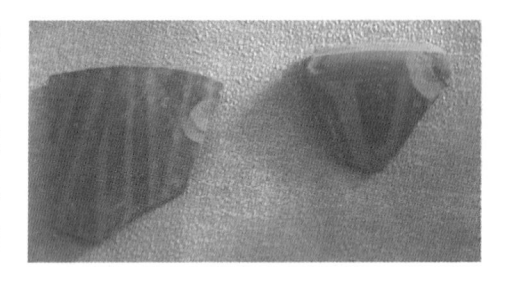

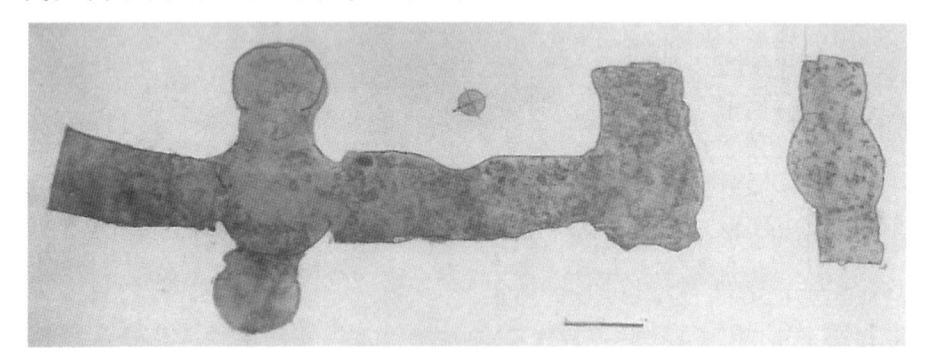

牛河梁出土彩陶片

女神庙示意图

孙守道等在石板墓中发现玉雕龙后,接下来的际遇更加出人意料:就在积石冢上方的山坡地,有面积约四万平方米的堤墙状遗址,其中零散地分布着红山文化的彩陶片。发掘者们按捺不住激动的心情,及时扩大战果,从散碎的红烧土迹象入手,逐渐发掘出一座规模可观的建筑遗址,那就是震惊中外的牛河梁女神庙。连同1979年在五十公里外发现的东山嘴石祭坛遗址,辽西群山中隐约呈现出坛、庙、冢三位一体的红山文化宗教活动中心。有媒体报道称之为天坛、陵墓、宗庙齐全的"小北京"。有学者推测为中华文明起源的新物证,认为红山文化的面纱背后潜藏着一个神秘的古国。近十余年来,在河北的围场县、阳原县都曾经发现红山文化玉龙,阳原县还是考古界所推崇的旧石器时代文化遗迹最丰富完整的地区。

在徐子峰教授办公室的桌上,放着一块青色玉石料。向他询问究竟,才知道,这是赤峰地区存在玉矿的实物佐证。玉学界多数人认为,构成红山文化的玉器雕刻传统之基础的原材料,是从几百公里以外的辽宁岫岩县开采得来的。而眼下的这个标本则可证明就地取材的可能性。大家听了徐教授的介绍,感慨不已。这么一块毫不起眼的石头,居然能够充分解释历史文化脉络的线索,这真是令书斋型的学人大开眼界。

徐教授桌上的玉石料

赤峰的"中华第一龙"与当代人的不期而遇,让我想到在文物第一大省陕西听到的一个类似的发现传奇——"中国"一词的由来:何尊的故事。

我们中国人迄今所能看到最早书写着"中国"字样的文物——西周青铜器何尊,原来也是20世纪50年代由一个叫陈湖的农民挖掘出土的。在60年代初的自然灾害时,它被当作废铜烂铁卖给废品收购站,只换得三十斤玉米。万幸的是,废品站居然有文物信息员向上汇报情况,结果使这件三千年前的珍宝免于回炉化铜,以三十元钱作为三十斤玉米的补偿,被征

河北围场县出土红山文化玉熊龙

河北阳原县出土红山文化玉熊龙 　　　　　　　　**何尊**

集到宝鸡市博物馆。①。虽然已经算作文物了,却因为来历不正,又名不见经传,所以又在博物馆里屈"尊"多年,默默无闻。70年代初,因为要进京参加"全国新出土文物汇报展",做除锈清理时才发现底部铭文,顿时身价万倍(用"百倍"说远不够分量)。

不过这三十元人民币的何尊,和二十元钱的"中华第一龙"相比,还是贵了百分之五十呢!要知道,在六七十年代,三十斤粮是一个成年人一个月的定量口粮,这些食物在自然灾害的饥荒期足以养活全家一个月!

我在70年代有幸吃四十一斤粮的定量,那是因为进工厂做重体力劳动的缘故。第一年的学徒工资是十八元。第二年说涨工资了,如今想起来就像童话,涨了两元,达到月薪二十元。

陈教授稍年轻些,没有经历过十八元月薪的生活。他发问:许多人闹不明白的一个问题是,我国的货币价值和中国文化的价值之间是一种什么样的关系呢?

我说:经济学家肯定对此有各种说辞。不过如果有人能画出一幅中国文化升值与中国货币升值的对比图来,肯定非常直观有趣。就拿20世纪70年代二十元买来的"中华第一龙"做标尺吧,如今假如有机会拿出来上文物精品拍卖会,又该价值几何呢?肯定高出人民币升值的幅度成千上万倍吧。

---

① 任周方等主编:《周秦文明之光》,宝鸡青铜器博物馆,2000年,第23页

2000年秋季拍卖会上的红山文化玉龙　　　　北京故宫博物院藏红山玉龙

陈教授接过话题说:2000年在北京瀚海拍卖公司举行的秋季艺术品拍卖会上,一件私人收藏品——高16厘米的红山文化玉龙,起拍价是一百一十八万,成交价是二百四十六万。太离谱了吧,恐怕有"托儿"在哄抬价格吧?

我说:拍卖的内幕据说很复杂。不过这些年来中国文物的巨幅升值是以中国传统文化的大升值为背景的。而传统文化的升值潜力还是"小荷才露尖尖角"吧。欧洲现代画家如毕加索的一幅画就能值上千万美元,约合人民币上亿,我们祖先五千年前精工琢磨出来的玉龙神像,哪里能用市价来衡量呢?应该是无价之宝啊。难怪近年来红山古玉在海外为收藏家争相收藏。

说这些话的我们,当时也没有料到,就在当年晚些时候,一件"鬼谷子下山"题材的元代青花瓷器在伦敦拍卖行拍出二千四百万英镑。大凡从"文化大革命"中走过来的中老年人,恐怕对这个数字都难以置信。那一代人的记忆中有多少传

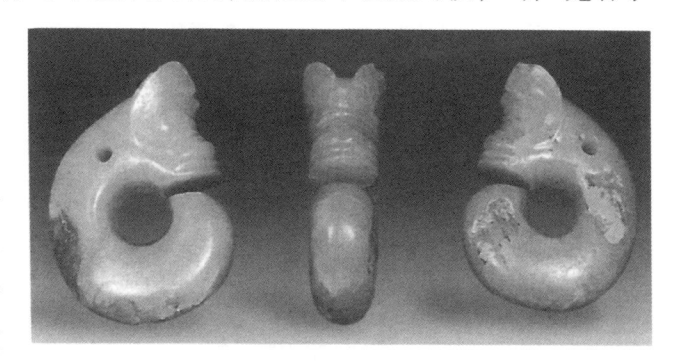

台北"故宫博物院"藏红山玉龙

牛河梁勾云玉

统文化的遗物被当作"四旧"而被打碎,无法统计了。是我们自己让自己的文化贬值的,这是我们20世纪最伤痛的一幕。

2007年2月27日,我国为2008年北京奥运会设计的奖牌揭晓,在世界普遍崇奉的金属材料上添加了玉璧,使得这一枚枚奖牌由于注入了文化的附加值而魅力倍增。这一举措可以说是对始于赤峰地区的八千年玉文化传统的自觉继承,我们已经认识到了自身文化传统的价值。

牛河梁熊头之谜

整整二十年前,我还在西安的大学里教书,因为研究高唐神女的神话而涉猎当时的女神研究领域,一篇专家论文干脆把新发现的辽宁牛河梁出土的五千五百年前的中华民族女性祖神雕像称作"东方维纳斯",实在是够刺激的。考古学家苏秉琦则把她诗意盎然地形容为我们中华民族的"共祖",如果此言不虚,那么,牛河梁女神不是比陕西黄陵县黄帝陵园新修建的黄帝像,或者河南新郑黄帝故里新造的熊足大鼎,都更有资格作为全世界华人寻根问祖的对象吗?二十年来,去牛河梁探访中华史前女神文化的遗迹,一直是萦绕在我心中的梦想。4月8日,圆梦的机会终于来了。

早7点50分,我们一行十余人,由德力格尔副院长带队,从赤峰学院驱车东行。沐浴着晨光,10点到达辽宁建平一个镇小停片刻,来到牛河梁,已近中午时分。车先开到路边的山丘上,一时没有找到入门,大家下车,感受到一种特殊的气氛:牛河梁静悄悄

《高唐神女与维纳斯》

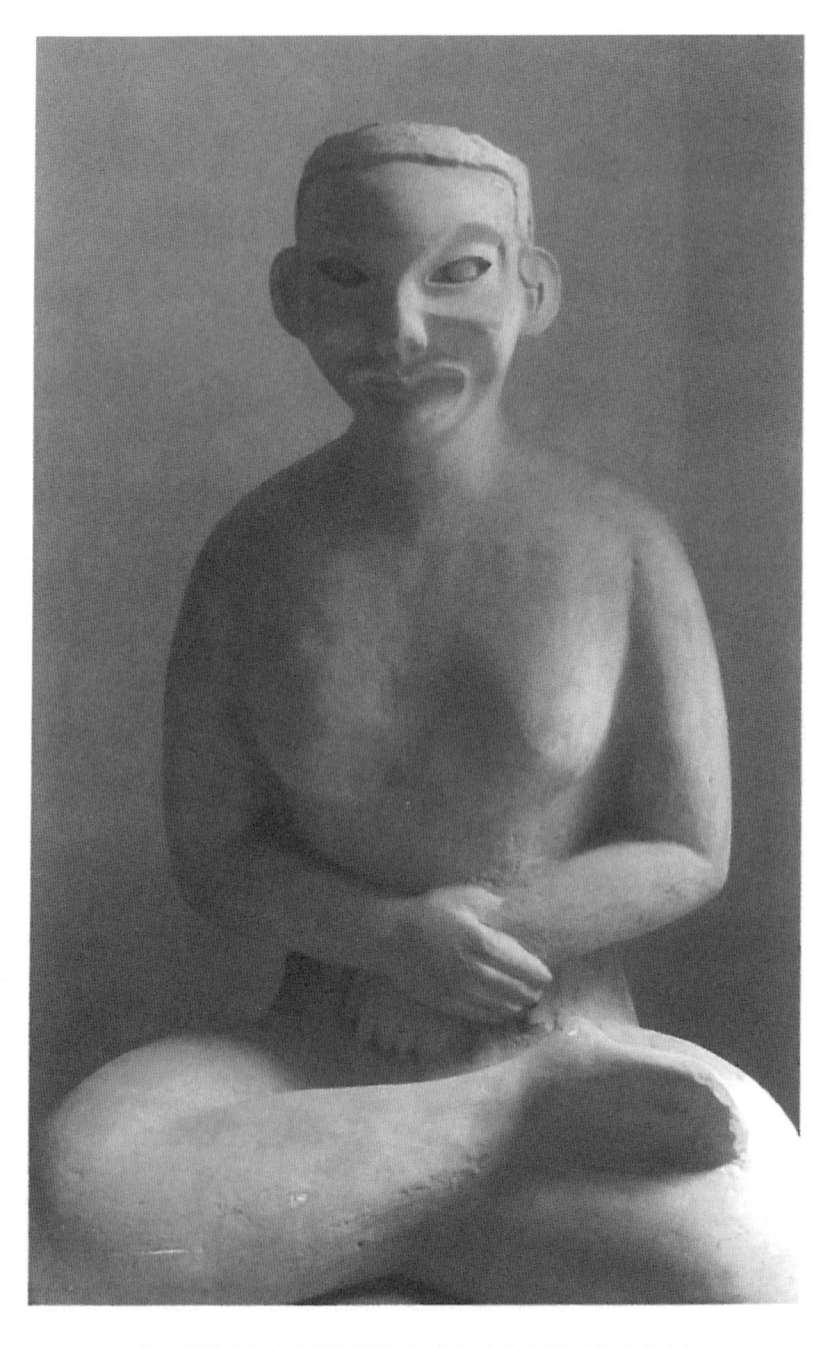

牛河梁泥塑女神原像,不知与当年的女神形象相去几何

黄帝故里熊足大鼎暗示着熊图腾的文化记忆

地迎接着这一行师生的到来。五千五百年前的神庙重现天日,足以让今人看到沉睡地下已久的史前社会集体性宗教活动的现场,也就是让今天的人们一下子看到相当于黄帝时代之前的礼仪活动空间和崇拜对象。就此而言,我们比司马迁还要幸运,虽然司马迁是行万里路的博学多闻者,但是他却没有可能亲眼看到黄帝时代甚至更早的神庙和神像。因为在他所生活的西汉时代,人们只有凭借书写的文献资料和民间传说去追溯远古的历史。在文字没有出现以前的时代,除了各种各样的传说故事,别无所求。

　　远处的猪熊山也默默无语,似乎在永久地见证着千万年的沧桑变化。关于这猪熊山,也有故事。它位于正对着牛河梁的一个山脉的顶端,远望过去就像一只伏卧着的巨兽。至于这动物到底是熊,还是猪,仅靠感觉确实闹不大清楚。在当地人的说法中,有叫猪山的,也有叫熊山的,真是难辨

牛河梁　　　　　　　　　　　　从牛河梁积石冢远眺猪熊山

究竟。不过在我们的地理知识中，猪山、熊山都有先例，以熊山更加引人注目。如和东北比邻的韩国、日本也都有熊山。中原的河南则有熊耳山，对应着《山海经·中山经》记录的"熊耳之山"，以及"熊山有穴曰熊穴，恒出神人"。类似的参照材料，可以使我们眼前的这一座现实的熊山，在朴实无华的外表下显露出一丝神圣性。

如果一座山峰，只是由于外形的相似而被以某种动物来命名，那就没有必要去探究。如果这里是确实崇拜过某种动物的地区，那情况就不同了。在韩国，有个叫作"熊津"的地方。那是神圣的崇拜熊图腾的神话记号。公元5世纪时是百济的首都。我的一个韩国研究生告诉我，熊津在1972年挖出一个石雕熊神像。我们目前面对的熊山，有没有文化背景呢？

这样的联想，似乎为后面的考察埋下了一个伏笔。

进入在牛河梁女神庙遗址上盖起来的考古工作站，我们先到简陋的展厅中一睹文物。最吸引大家眼球的自然是那被尊为"中华共祖"的女神头像。不过，让我更加好奇的是女神庙中出土的熊下颚骨和动物塑像残件。这些残件中有些难以辨认，有些很明确，比如熊爪和熊头。

既然是拜神的地方，怎么会不约

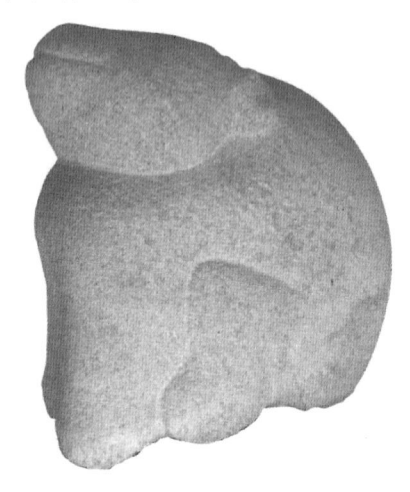

韩国熊津出土石熊

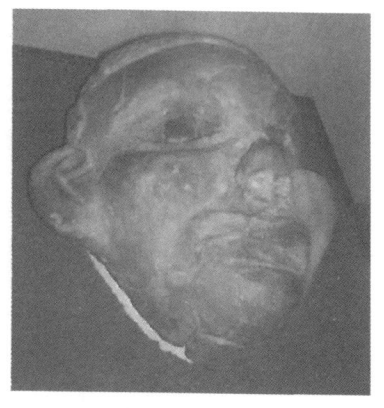

陈岗龙教授在牛河梁工作站　　　被尊为"中华共祖"的女神头像

而同地出现多件熊的形象呢？莫非熊和女神有着某种神秘的联系？

面对着五十多个世纪以前我们的先祖所留在神庙之中的这个熊的头骨，我呆呆地站在那里，如同《达·芬奇密码》中的符号学教授兰登怔怔地注视着卢浮宫内被杀身亡的老馆长尸身。沉淀在脑海深处的关于熊头骨与北方狩猎民族之关系的知识储备一点点浮出水面。

第一例是鞑靼海峡的奥罗奇人。

奥罗奇人之所以对熊特别尊重，还有另外一个原因。熊神的亲族常常变成熊的形状在树林中游荡，而要把一只普通的熊同一个熊神区别开来，并非易事。其次，在所有举行这种仪式的民族那里，都有一个传说，讲某个时期，他们氏族的一个女人和熊结成了夫妻。因此，在熊节中有一套庄严而复杂的宗教仪式，任何一个奥罗奇人都不敢破坏。熊头受到特别尊敬，一块骨头也不得

牛河梁女神庙出土熊下颚骨（侧面）

遗失，熊头悬挂在神杆上，一滴熊血也不能让脚践踏。①

第二个例子，是活跃在东北的女真-满族人的前身靺鞨人崇拜熊的情

---

① 斯特忍堡：《鞑靼海峡的奥罗奇人》，见郭燕顺、孙运来编：《民族译文集》（第一辑），吉林省社会科学院苏联研究室1983年版，第274页。

赫哲人鱼皮熊图腾

况。"这一点可以用日本史料加以论证。在记述7世纪寇钞靺鞨部落时，日本文献史料记载说，从靺鞨人那里得来的俘获物当中就有一活熊，大概这些熊是为过熊节而专门养肥的。"

第三例是苏联学者索科洛娃等对欧亚大陆北方普遍存在的熊图腾现象的描述。

在对熊的崇拜中，交织着图腾崇拜和生业崇拜的一些特征。在熊的下述昵称中就可以看出这一点。无论在什么地方，都不许呼叫这种动物的名称，一般都称"兽""老兄""老人""爷爷"等等。然而，熊还有一些另外性质的昵称。这些名称则可以证明崇拜熊的图腾性质：从斯堪的纳维亚半岛到北美洲，到处都像敬仰老人那样尊崇这种动物，把它们称作"父亲""祖父""爷爷""老人"等。尾高指出了生业崇拜同祖先崇拜之间的若干相似之处。一些动物神灵，往往都以家畜保护神的面目出现。在

牛河梁女神庙出土泥塑熊爪

各家的房子里都挂有一些家畜和野生动物的头骨。后者的头骨能够保佑狩猎顺利。①

第四个例子是库页岛地区吉利亚克人杀死熊的图腾仪式:吉利亚克人笃信,每一氏族均有各自的熊罴,似与之确有亲缘。为了敬熊,须举行隆重的氏族庆典;届时,熊则有着至关重要的作用。为了举行敬熊庆典,先到林中捕一幼熊,置于笼中供养,对之百般敬奉;庆

日本阿伊努熊节,19世纪绘画

典之期来临,则引至聚落巡游一番,自然又是虔敬异常。最后,乱箭齐发,将熊射死。然而,射手并非本氏族成员,而是来自与之结为姻亲的另一氏族。熊头和熊骨,须葬以隆重之礼。苏联民族学家托卡列夫认为,诸如此类弑氏族圣兽的仪礼,显然是熊图腾崇拜的变相遗迹。②

第五个例子是以熊祭礼仪发达完整而著称的日本北海道原住民阿伊努人。其熊节与吉利亚克人的相似:以杀死的熊肉为圣餐宴会,熊头与熊骨则被奉为圣物保存。弗雷泽《金枝》一书有专门章节论述阿伊努人的熊节习俗。日本学者天野哲也则将这种礼仪同在日本古代文化遗址中发现的大量熊头骨联系起来考察。

第六个例子取自欧洲史前考古学,尼安德特人熊头祭坛,表明这种熊崇拜信仰的远源如何古老得让人难以置信。在阿尔卑斯山脉及

欧洲史前陶熊爪

---

① 斯特忍堡:《鞑靼海峡的奥罗奇人》,见郭燕顺、孙运来编:《民族译文集》(第一辑),吉林省社会科学院苏联研究室1983年版,第274页。
② 谢·亚·托卡列夫:《世界各民族历史上的宗教》,魏庆征译,中国社会科学出版社1985年版,第186页。

阿伊努人熊宴，19世纪绘画

其附近地区，20世纪以来不断发现许多人工放置的洞熊的头（颅）骨。从1923年到1925年，考古学家发掘瑞士的野人洞，发现几个熊的颅骨与一些长骨堆放在一起。1950年在奥地利的一个石穴中发现三个东西向安放的熊颅骨和长骨。[①] 据《剑桥世界宗教》的作者斯马特的看法："除非我们认为这是针对熊的一些仪礼，否则就很难做出解释。"

这样的例子还可以举出第N个。参照这些以熊或者熊头骨为神圣的实例，我忽然意识到，对于牛河梁女神庙的熊头，似有三种可能的解释：

一是熊头骨的存在，代表红山人崇拜的熊神偶像；二是代表氏族的图腾，体现着以熊为部落祖先的血缘观念；三是代表的是熊神使者，即人与熊神沟通的中介物。

上述的三种解释，不论是哪一种更加合理，都同样表明熊在史前人心

---

① 参见米尔恰·伊利亚德：《宗教思想史》第一章第四节，晏可佳、吴晓群、姚蓓琴译，上海社会科学院出版社2014年版，第15—18页。

北海道的阿伊努人

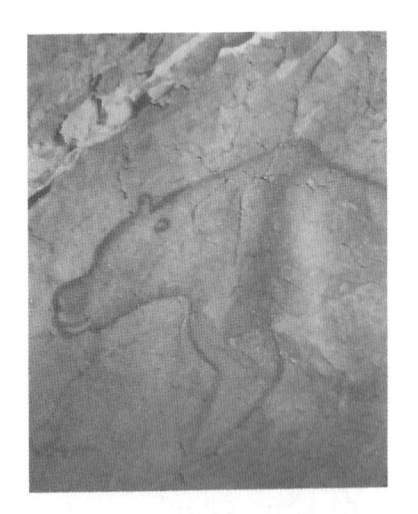

法国南部洞穴壁画双熊出穴（局部）　　　考察牛河梁积石冢

女神庙泥塑女神像乳房　　　女神庙泥塑神像大腿残件

目中并不是一般的野兽。人与熊打交道的历史，比起人类进入文明以后的历史，不知道要长久多少倍。法国南部一洞穴中发现的彩绘岩画熊距今三万五千年了，有"人类第一幅油画"的美誉。被今人几乎遗忘了的这种无比悠久的人熊关系史，可以借助新发现的非文字材料得到相对的还原，那个时代遗留下来的熊神或者熊图腾的观念，也可以参照民族学的活化石得到重构。

想到这里，我不禁为这探索中难得的灵光一现而激动不已。

从牛河梁工作站出来，继续参观积石冢群，就是1984年发掘出那一对玉龙的所在地。给我留下深刻印象的是，庙与坟冢的相互对应：玉雕熊龙用于埋葬死者，泥塑熊神偶像则用于生人举行仪式祭祀的神庙中，并且与泥塑的女神像对应出现。这就隐约透露出围绕着熊神偶像的一套信仰和

仪式。在我看来，孙守道等发掘者最初将积石冢出土的一对玉龙指认为猪龙，后来经过仔细研究又改叫"熊龙"，这是一次非常重要的改判。尽管至今学术界仍然众说纷纭，没有就此达成一致意见，但是更加充分的旁证还是会使"熊龙"说后来居上，获得与日俱增的认可吧。

4月8日只是考察开始的第一天，当时根本没有意料到，在随后几天中，还会相继看到林西的石熊与女神石像的双重发现、赤峰的蚌雕熊神偶与人形偶像的同时存在等等。回想起来，就好像有一系列的熊图腾神话遗迹正在等待着发现者。告别牛河梁之际，熊山、熊龙、熊头的形象在我的脑海中逐渐联系为一个整体。在随后对中外历史典籍和考古文献资料的深入探究中，我益发明确地意识到：熊神崇拜是一种分布广泛的古老宗教，它产生于人类发明农业之前的漫长的狩猎时代。虽然没有统一的经典和教堂、祭司阶级，却有着对于死而复活信仰的共同象征物——熊骨或者熊形象的高度关注。出于这种集中的关注，熊甚至成为耶稣基督出现以前世界上曾经十分普遍信奉的与死而复活信仰有关的尊神。

古人称熊为"蛰兽"，不是隐约透露着在冬眠后的春季复活之信念吗？而汉字"能"本义为熊，不是透露着熊图腾神话背后的生态循环意识吗？华佗五禽戏中的"熊戏"以及庄子说的"熊经鸟伸"的修行健身术，莫非潜藏着积聚生命能量的仿生学原理？

在当今这样一个全球能源危机的时代，重新理解史前熊图腾崇拜的底蕴，参照鄂温克、日本阿伊努等狩猎民族的熊图腾仪式和习俗，可以悟出：那才是"循环经济"的最初楷模。

牛河梁出土玉人

马王堆 3 号墓导引图（摹本）显示仿生学意义上的"熊经鸟伸"

神秘的牛河梁出土桶形器 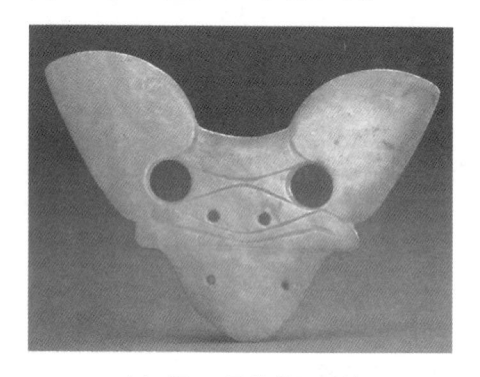　　　　牛河梁 21 号墓兽面玉牌

牛河梁女神庙全景 　　　　曼希人过熊节戴的桦皮面具

贰 林西石熊再发现

良渚文化瑶山出土山形玉饰

敖汉"秦俑"留悬念

带着牛河梁引发的熊神崇拜的巨大悬念,我们在当日下午驱车赶到内蒙古敖汉旗,去考察以收藏红山玉器而著称的敖汉旗博物馆。

这里是燕山山脉与松辽平原接壤过渡地区,主要河流向北流入西辽河的支流老哈河,

兴隆洼文化遗迹,八千年前的人猪合葬墓

如今因为土地沙化看上去一片黄色,河道多数已经干涸。谁能够想到:远古时期这里却是文化繁荣的中心。仅20世纪80年代的田野普查就发现了三千八百余处遗址和墓葬群,使敖汉旗成为全国县级文物点分布最多的地方。诸如八千年前的人猪合葬墓穴,六千年前的"四灵"图像陶尊,拥抱

敖汉地区考古学文化一览表

文化名称	距今年代	命名地点
小河西文化	10000—8200 年	敖汉旗小河西村
兴隆洼文化	8200—7400 年	敖汉旗兴隆洼村
赵宝沟文化	7200—6400 年	敖汉旗赵宝沟村
红山文化	6700—5000 年	赤峰红山后
小河沿文化	5000—4500 年	敖汉旗小河沿南台地
夏家店下层文化	4200—3400 年	赤峰夏家店村
柳南类型	3400—3000 年	敖汉旗柳树行子村
夏家店上层文化	3200—2300 年	赤峰夏家店村

为一团的陶塑三女神像等，都是近年来敖汉旗的惊世发现。可惜的是在中原中心观支配下的整个学界对此不大关注，埋藏如此之多文物的特殊地区却缺乏足够人员、设备和资金的专业考古队伍。真让人有望遗址而兴叹的感觉。

在敖汉旗博物馆大厅的沙盘上，当标示红山文化遗址的小红灯亮起来时，整个沙盘就好像夏夜的满天繁星，数不胜数。我们一行人对此惊叹不已。接下来的参观让人目不暇接。对我来说，除了晶莹剔透的玉雕鹰鸮与熊龙、猪龙之外，一件石雕的人像也非常能够激发无限联想。因为这个头像实在太像我们在陕西临潼的秦始皇陵地下军阵中看到的秦俑了！

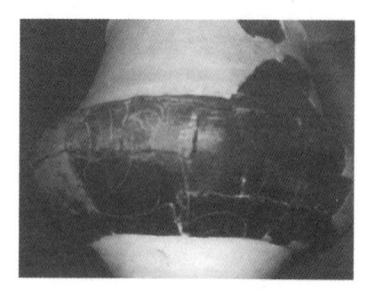

赵宝沟文化鹿、鱼纹陶尊及其展开图

| 三女神抱团陶塑 | 石雕人面像 | 辽代金面具 |

其出土地点是四家子镇一个叫草帽山的山梁上发现的红山文化祭祀遗址群。2001年以来的发掘清理表明：这是五千年前该地区的又一个祭祀中心，虽然在级别规格上不如牛河梁遗址，但也是地面上建筑祭坛和地下的积石冢相结合，墓冢中也出土了玉璧、玉环等玉器。在祭坛旁发现四个用红色凝灰岩雕刻的人像头部残件。保存较完整的就只有我们面前的这一尊，头戴冠，双目微闭，故有人戏称"沉思的秦俑"。这是首次在红山文化遗址中发现石雕人像，意义自然十分重大。但是和举世瞩目的牛河梁女神像相比，草帽山的石雕神像却默默无闻，几乎不为公众所知，也没有类似"东方维纳斯"的轰动美名。

夕阳西下时分，大家余兴未尽地离开博物馆，告别让人流连忘返的敖汉。这件奇特的类秦俑形象久久地留在脑海中，它给我们留下关于秦文化源流方面的一个悬念：秦人的先祖是否像殷商人一样，和燕山地区北方草原地带的文化有着某种特殊关联？倘若真的存在这样一种关联，又该是怎样的一种发生过程呢？

草帽山石雕人头像

历史啊,历史,原来并不像教科书上讲得那样简单和确凿。当你带着思考的眼光反观历史,就不难发现,需要探究的未知领域会比已知的领域大得多。

夜幕降临时分,我们的车队结束了第一日的紧张奔波,回到赤峰。这些由敖汉旗草帽山史前类秦俑雕像所引发的疑问,只有留待日后去慢慢消化和解答了。

被遗忘的林西

在为数不多的专业考古工作者中,到过林西县的人估计不会多。虽然这里离赤峰市不是很远,但是说起赤峰的红山文化,很少有人会提到林西。从在外的知名度看,林西几乎是被知识界和大众媒介遗忘的角落。

林西的西山,望上去除了黄土还是黄土

"藏熊卧虎"的林西县博物馆及王刚馆长

林西出土兴隆洼文化石器

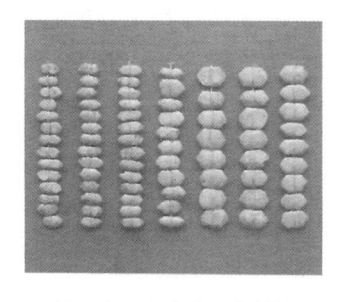

林西出土兴隆洼文化蚌饰

正因为被遗忘的年份太久太久,以至于这里出土的非常古老的雕塑艺术品,足以在一部中国艺术史中占据开篇的位置,却至今处在不为人知的冷宫里。

4月9日是考察的第二天。上午10点,我们驱车来到坐落在林西县城西关的博物馆,那是一座孤零零的三层楼建筑,夹在黄土山梁与县城之间的空地上,屋顶上的黄色琉璃瓦在阳光照耀下闪闪发光。那山梁名叫西山,一眼望去除了黄土还是黄土,与我们熟悉的大西北黄土高坡毫无两样。谁知就在这今日的不毛之地的下面,曾经多次发掘出新石器时代早期的文化遗迹,从八千年前的兴隆洼文化到五千年前的红山文化。在这里,文化沉浮升降的今昔对比,实在太强烈了,让人油然而生一种历史的沧桑之感。

赤峰博物馆藏林西出土女神石像

学院方面已经预先安排好了由博物馆王刚馆长亲自接待和讲解,让我们仿佛一下子又回到八千年前。陈列出的文物虽不比昨日看到的敖汉,却也相当丰富。大同小异的石器、蚌饰、骨器、陶罐等,已经不大吸引我的目光,唯有一座石雕的人像和一个兽形造像让我久久不能离开。据说明文字我们知道,在林西县西关曾经出土两件石雕人像,其中一件现存赤峰博物馆。在林西县白音长汗遗址出土的另一件人像,位于房址中央火塘的正后方,这就和民族学方面提供的多数类似情况形成对应,可以据此推论这种石雕人像的性质——伴随火塘的家神。

林西博物馆藏八千年前女神石像

林西博物馆所藏这个兴隆洼文化的石雕人像雕刻所用的石头和昨天在敖汉旗博物馆看到的类秦俑人头像一样，也是红色凝灰岩。看到此种雷同，我脑中的问题接踵而来：为什么这里的新石器时代先民在特意使用玉料以前，普遍地看中这样一种石料呢？迄今所知，中国史前宗教的偶像崇拜就是由这些北方的红色石头人偶为开端的吗？由于缺乏地矿学方面的知识，我一时无法解答这些疑问。

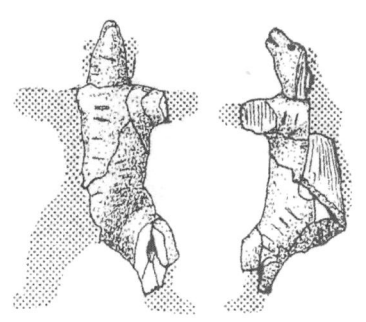

欧洲洞穴画熊　　　　　德国出土石雕直立熊

　　和人像同时发现的还有一只伏卧的野兽形象，外貌似猪又似熊。居然至今没有人确认它的真实身份和属性，似乎有些匪夷所思吧。大家都忙着给这些古朴的石雕形象拍照，无心探究这卧兽是猪还是熊。根据直观的第一印象，我已经感觉这是一只被遗忘太久的石熊，也应该是兴隆洼文化的初民所崇拜的女神化身。

欧洲温加文化陶塑熊神　　　　　欧洲温加文化陶塑熊偶像

林西石熊的存在,默默无言地见证着中国八千年神圣的熊造型艺术传统。与欧洲洞穴壁画的三万年前熊形象相比,虽然我们的石熊在年代上尚不足其三成,但是已经非同小可了。

　　因为这里有号称有熊氏的民族共祖黄帝和命名为有熊国的远古传说,长久以来处在扑朔迷离之中,等待着新材料的揭示和印证。为什么这件石熊出土二十年来始终得不到确认呢?对照在欧亚大陆许多地方出土的史前熊神偶像,难道还不足以说明我们这边的同样问题吗?

　　后来终于想通了:我们的一部文明史,就是对农业产生之前数百万年狩猎生活及信仰的遗忘史。神圣的熊,早已随着图腾神话时代的终结而离我们远去了。后人心目中的熊,只是世俗化的、平常的野兽而已。这种文化失忆的后遗症,主要表现为对这种动物的集体性的麻木不仁。换言之,曾经长期以来作为狩猎和崇拜双重对象的熊,如今不仅丧失了原有的神圣意蕴,而且蜕变成人们取笑和讥讽的对象,什么笨熊、蠢熊、熊包……我们的语汇中已经没有多少关于熊的好词了。在文化断裂的作用之下,后人对熊的许许多多古代造型都失去了辨识能力。比如说,从哈尔滨石器时代的

汉画像石:应龙铺首熊　　汉画像中熊形辟邪神

徐州狮子山楚王墓西汉金带扣

熊形陶俑,到汉画像中的熊神、辟邪神,乃至徐州出土西汉金带扣上的熊造型,这些文物都没有得到明确的认识。倒是一位在大英博物馆东方部任职的罗森,凭借他近水楼台的工作性质和见多识广的经验,一眼就看出金带扣上的动物就是熊,但是却莫名其妙地联想到外来文化影响,认为那熊是从外国的狮子变化出来的。① 这真是让人啼笑皆非的误会。如果了解到中国有近八千年的熊造型传统,就不会轻易下结论说两千年前的熊造型来自伊拉克了。

罗森误解中国的熊造型来自伊拉克的狮子

---

① 罗森:《中国古代的艺术与文化》,孙心菲等译,北京大学出版社2002年版,第12页。

解读石熊：神秘数字"六"

我对这个石雕卧兽的解读方法还是比较参照法，其逻辑思路大致是由已知推测未知。如果把已知的东西看作熟悉的，把未知的东西看作陌生的，那么这种解读方法就可以简单地比喻为"化生为熟"。

在古代王朝，统治者若发现什么新奇怪异的事物，往往让博学君子们去引经据典给予解释。因为古人非常害怕无法解释的莫名其妙之物，会以为是灾异之不祥征兆。唯其如此，古人对于没有任何解释的"异"象，永远心怀恐惧，惴惴不安。远古的解释学原理其实非常类似于占卜，有现成的公式来套用，一看就明白。

看看汉代大文豪贾谊遇到鵩鸟进入自己房间的情况，是如何处理这种不寻常的事件的吧。贾谊何许人也？西汉最著名的重量级年轻学人，十八岁被召入宫。一篇《过秦论》早已使他名扬四海，又加上该文被收入《昭明文选》一类流行选本的荣幸，后代的一般读书人几乎无人不知。可是就这样的博学君子，面对一只鵩鸟（猫头鹰）进入

美洲印第安熊神冲锋图

自己的房舍,还是感到十分的诧异和惶恐:他的反应是"发书占之",类似古希腊人向神庙里的神明讨要说法(神谕)。"发书占之",就是通过对照古书来占卜的意思。到底是吉是凶,预示着祥瑞还是灾异,要通过书本知识的参照来对号入座地加以判断。尽管这样的唯书本知识至上的推理方式在今人看来有刻舟求剑和胶柱鼓瑟的嫌疑,那毕竟是当时知识人显示出的一种文化特权。这显然不是一般的平民百姓所能够奢望做到的。贾谊当年从占卜书上看到的相关信息是八个字:"野鸟入室,主人将去。"他对此更加困惑,于是就有了鹏鸟对他的一大篇训导,成就了他的千古名篇《鹏鸟赋》。

在贾谊之后,发生了汉代国家图书馆的馆长翻阅古籍回答皇帝疑难问题的一幕,刘歆的《上山海经表》将此事记录下来:

> 孝宣皇帝时,击磻石于上郡,陷得石室,其中有反缚盗械人。时臣秀父(刘)向为谏议大夫,言此贰负之臣也。诏问何以知之,亦以《山海经》对。……上大惊。朝士由是多奇《山海经》者,文学大儒皆读学。

刘向用古书记载化解了石洞之中发现的"反缚盗械人"。他所用的解读方法原来也是化生为熟之法:用古已有之的东西去解释没有遇见过的奇异事物。其解读效果居然非常神奇,不仅震动朝野,还使皇帝也佩服得五体投地。刘向的儿子刘秀就借这样的事件抬高他父亲的知识权威,也让比较参照的解读法名扬天下。

中国汉族自古及今的书呆子传统,就是这样一代代延续下来的。只看书本,以此为一切知识的源头,却忘记了一切书本知识背后还有真正的来源——现实世界。西方式的书呆子,以占据古希腊哲学史第一把交椅的泰勒斯为首,相传他太喜欢观察世界了,仰天观象成为他的日常习惯,以至于有一天走路时不小心落到井里!

书呆子传统的见证:湖州湖笔博物馆藏六朝对书俑

以书本为一切知识的源头：浙江嘉业藏书楼　　　　　《女神的语言》

如果说整天光看书的本本主义以及只看外在自然的经验主义都不足以解决历史文化的疑难问题，那么今天有没有更好更有效的理解远古时代的方式呢？

在20世纪的西方神话学界，多少具有"新山海经"性质的学术研究大著，要数美籍考古学家金芭塔斯的"女神文明"系列。那是1999年我在耶鲁大学期间系统阅读过的。2001年在英国剑桥大学，碰巧购得她那本被引用最多的《女神的语言》。两年前还组织翻译了她的搁笔著作《活着的女神》。在这些研究史前女神崇拜的著述中，我们有幸看到关于熊女神的丰富材料：骨雕、石雕、陶塑的新石器时代熊神偶像比比皆是。这就给我们考察中国史前女神宗教神话遗迹的尝试，提供了整个欧亚大陆的宏观参照背景。也为眼下的林西石熊的鉴别工作，提

希腊雅典圣庙之路

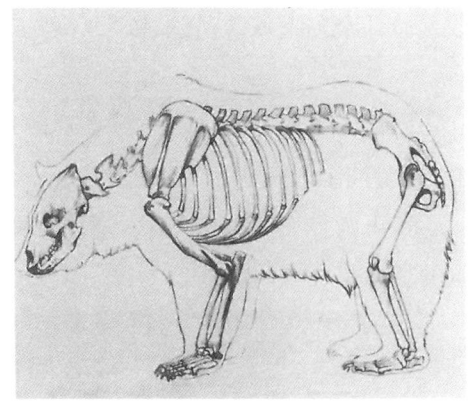

林西石熊俯视 **熊解剖图**

示了宝贵的线索。不过,石熊有一个特殊的难题,在金芭塔斯的著作里没有涉及。那就是:这个主体部分刻画得粗略模糊的石熊,为什么在背上清楚地雕刻出六块脊骨的造型呢?在这种厚此薄彼的雕刻重点选择中,是否埋藏着某种潜在的暗示信息呢?

如果我们求助于兽医方面的熊解剖图谱,那就会发现,熊的脊椎结构相当复杂,远不止六块骨节。那究竟出于什么原因,兴隆洼文化的雕刻家要在卧熊背上标示出数字六的符号呢?

来自猎熊的当代部落文化的信息,对我们沿用化生为熟方法解答疑难很有帮助:民族学者记录的鄂温克人熊祭礼俗中,就显示出对"十二"和"六"这两个数字的特殊重视。

吕光天先生的《崇拜熊的奇特习俗》一文写道:

> 凡是到过大兴安岭西北麓一带原始密林的人,都会发现一种奇怪的现象,即在两棵落叶松树之间,悬挂着用桦树条捆好的一捆东西,这是什么呢?原来是鄂温克猎人葬熊的一种遗物。鄂温克猎人在这一捆东西里装进了熊的许多骨头和五脏;另外,还要在两棵松树的阳面,刮开树皮做成一平面,横刻十二道小沟,在沟里涂上各种颜色,并在第六道沟的两端,把熊的双眼镶在树上。

而且人们要假装哭泣,给熊敬烟,与老人死时的仪式相似。①

同样的祭熊礼俗,在《中国各民族宗教与神话大词典》的描述中,增加了"还要捆上六道柳条"的记述。

这里为什么要突出"第六道沟"和"捆上六道柳条"呢？数字"六"背后的信息是什么呢？我们的民族学、人类学学者没有给出答案。

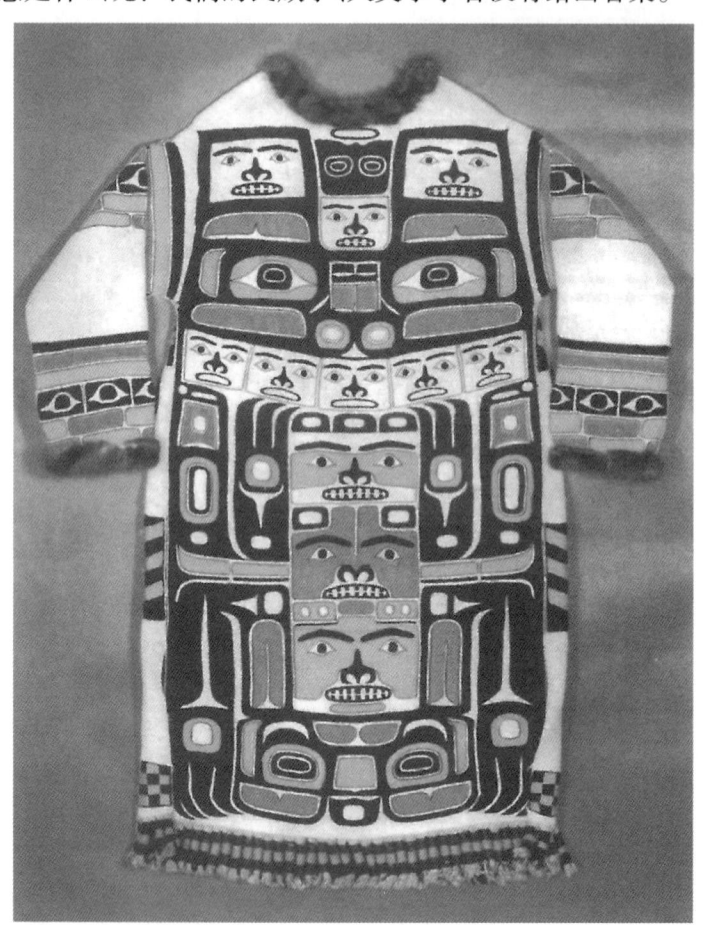

西北海岸印第安人棕熊毛领图腾服装,羊皮制

---

① 吕光天:《北方民族原始社会形态研究》,宁夏人民出版社1981年版,第266页。

列维-斯特劳斯及其《神话学导论》第三卷　　披熊皮的人木雕像　　熊人鱼渡鸦

好在法国人类学家列维-斯特劳斯的巨著《神话学导论》第三卷《餐桌礼俗的起源》英译本（1978）直接提供了解答六数密码的重要线索。那是和北部亚洲大陆有着渊源关系的美洲印第安人狩猎部落的材料：

> 与日子和季节的变换相关，美诺米尼印第安人说，是有条纹的松鼠提出建议，其他动物也应该在它们的外皮上做出一种模式性的记号：由于它的背上共有六道条纹，所以冬季和夏季也要各持续六个月。它以自己背上的条纹来挑战黑熊，因为熊要将冬季和黑夜持续下去。由于熊身上只有完全是黑色的外皮，所以黑夜就将持续，人的狩猎只能在黑暗之中摸索进行。在人与猛兽的不可避免的接触中，这显然对猛兽一方更加有利。①

记得在大学一年级学王力《古代汉语》时，就知道远古时代对季节的划分不同于后来的四季，而是两季，说春就包含夏，说秋就包含冬。所以最

---

① Lévi-Strauss, Claude, *The Origin of Table Manners: Introduction to a Science of Mythology* Ⅲ, New York: Harper Colophon Books, 1978, p. 362.

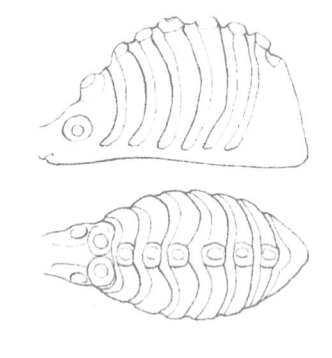

鄂温克人对熊的风葬   **赤峰出土石兽线描图**

早的史书就叫《春秋》。按照一年两季的划分,一季正是六个月。所以六和十二分别成为重要的季节循环变化的基数,其神秘的象征蕴涵也由此而来。

林西石熊的创作者,也许就是用自己特意添加在猛兽身体外部最明显部位的六个骨节,来完成神话没有完成的任务——让熊作为季节变换之物候符号的意义更加一目了然。这样的解读,也反过来强化了它是熊不是猪的认识。因为熊在古代被视为"蛰兽",也就是随着春天惊蛰节气的到来而结束冬眠周期的一种野兽,其季节符号的物候特征,

史前近东出土熊偶,莫非是春季来临的符号?荷兰莱顿人类学博物馆藏

显然要比其他同类哺乳动物更加明确易辨吧。美诺米尼印第安人神话中的松鼠之所以挑战黑熊,就因为它的背上有明确的"六道条纹",而黑熊身上全是黑色毛皮,没有和季节的六个月对应的标记符号!

想到这里,不仅鄂温克人葬熊礼仪上刻画在松树上的十二道沟中第六道沟镶嵌熊眼之谜可以迎刃而解,林西石熊背上特意刻画的六块脊骨节的意义,也能够获得跨文化

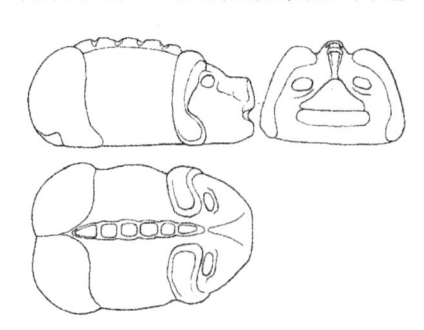

林西石熊的六道记号

的打通式理解。

与出土的八千年前石熊属于同一时代的另一件类似文物,也能够顺便给予合理的解释。那就是1975年在赤峰市松山区城子乡出土的一件石兽,个头比林西石熊稍小,同样是用红色凝灰岩雕刻而成,现存松山区文管所。由于是石头的,很不起眼,所以连进博物馆展厅的资格都没有。无独有偶的是,这件石兽身体上最大的特征仍然是突出刻画的六道符号标记——在背部雕刻出六大凸起的骨节系列。如内蒙古文博专家所编《红山玉器》书中描述的:

> 圆雕,兽呈趴伏状,尖而前伸的吻部饰以磨刻的凹槽表示兽嘴。……兽身饰有六条磨刻出的宽阴纹流畅而自然,隆起的脊柱露有明显的脊椎骨节,尾部浑圆内收,兽腹部四足两侧对称分布,似一爬行动物。[①]

为什么兴隆洼文化的先民一再运用动物骨骼造型的六道记号来表示他们关注和强调的意蕴呢?

这样的疑问使我想起著名的旧石器时代艺术史专家马沙克的一个重要发现:旧石器时代美术作品所描绘的动物和所刻画的符号,均可以给予统一的功能解释。那就是季节符号说:史前的初民们对大自然外貌的规律性变迁,有着高度注意和细心体察,用刻画符号的方式将这种季节变换的经验记录下来。根据马沙克的这个发现,我们可以推知,人类祖先关注季节和物候是由来已久的大传统,其渊源至少可以上溯到数万年以前!而法国南部新发现的三万年前的洞穴彩绘壁画中两只熊的写实

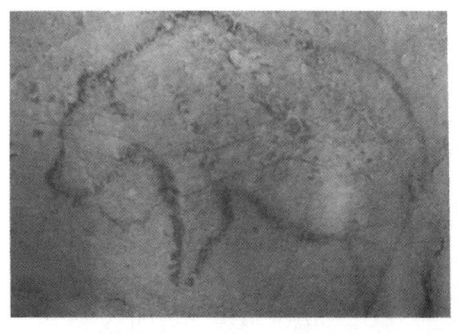

旧石器时代法国洞穴壁画之所以表现熊出洞景象,也是为了标志春季来临

[①] 于建设:《红山玉器》,远方出版社2004年版,第113页。

形象，很有可能就是表示熊罴结束冬眠走出洞穴的春季物候符号吧。

世界北半球各民族的神话故事也非常清晰地保留着这样的经验传统。前面引述的列维-斯特劳斯《餐桌礼俗的起源》所分析的美诺米尼印第安人神话 M478 和 M479，就分别用人物故事来解释雷雨季节的逝去和归来。此类神话的季节说明意义，看上去就非常明显。我们甚至不妨将此类神话叙事看成远古传承下来的类似《礼记·月令》功能的口传文学符号，言在此而意在彼，是理解此类神话底蕴的窍门。

与季节变化紧密相关的仪式历法，当然也要强调那几个重要的季节循环性数字。而仪式与音乐的共生性

清代幡画十二人仪仗队

质，则将这些季节性数字视为礼乐活动的固定符号制度。《国语·周语下》："古之神瞽，考中声而量之以制，度律均钟，百官轨仪，纪之以三，平之以六，成于十二，天之道也。"数字十二被看成天道的规则象征数，因为一年的时间循环恰好是十二个月。一年若分为两季，则六个月一季；若分为四季，则三个月一季。我们知道远古时期，人们最初认识的季节只有春秋两个，说春也就包括了夏，说秋也就包括了冬。于是，每过六个月就是一个新的循环期。识别和确认了"六"的月份意义，一年之中最重要的季节变换和相应的礼仪活动也就可以把握住了。在有"原始太和殿"美称的甘肃秦安大地湾史前文化的巨型宗庙建筑门前，也是以两种方式呈现的数字十二和数字六。

作者 2005 年考察大地湾

F901 遗址前的石柱洞

　　该建筑是 1983—1984 年发掘出的罕见大房子,编号为 F901,室内面积达到一百三十多平方米,测定年代距今五千年,与北方红山文化的年代基本相当。囿于中原中心观点的考古学界将其定为仰韶文化晚期的建筑。在这座坐北朝南的礼仪建筑之外的正面,发现有一字排列

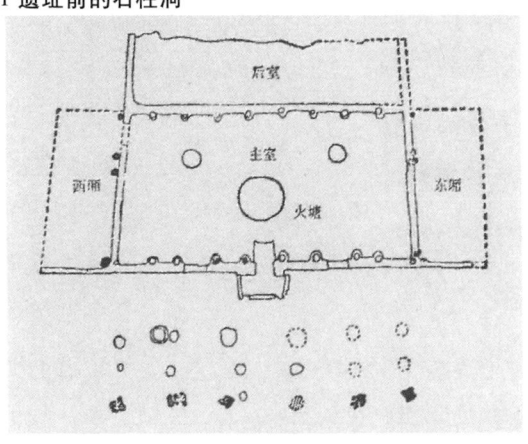

大地湾 F901 大殿及六青石十二柱洞

开的六处青石块(现存五处,一处被 F903 晚期灰坑所打破),每处由一到三块同样材质的青石构成,外径为半米到一米之间。六组青石按照直线排列,每组之间的间距是三米,两端的青石块正好对着 F901 前墙的两端。显然是附属于宗庙建筑的一部分,很可能属于室外的石祭坛一类。在六组石柱与宗庙之间还有十二个柱洞,分成两排排列,每排六个。至于这些柱洞的用途和意义,至今还是不解之谜。一般推测为主建筑门前附属性建筑物的蓬柱洞。然而详情不得而知了。如果我们熟悉古书上说的古代帝王居住的礼仪性"明堂"建筑结构以对应四季十二个月的四方十二室为特色,

大地湾生态 　　　　　　　　　　　　　　　**F901 大殿内景**

那么大地湾"原始太和殿"前面的六组青石及十二柱洞的数字意蕴就好理解一些。那也许就是半年六个月周期和一年十二个月周期的标志性符号，也是仪式历法必须遵循的空间化的圣数。

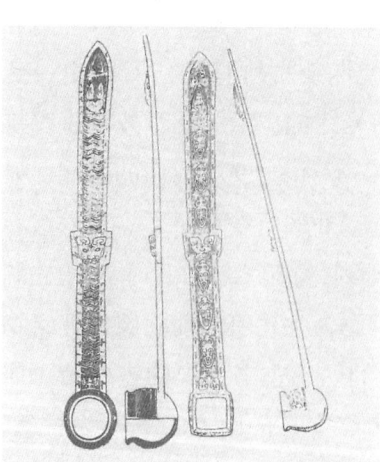

建筑史学家认为大地湾 F901 的发现标志着延续数千年的半地穴式建筑的时代之终结，开辟了我国平地起建的木结构建筑之先河。

从旧石器时代后期出现的人类制造季节性符号的深远传统，在进入文明社会之后必然要以这样那样的方式延续下来。我们在继承红山文化风格的殷商器物造型上，很容易看到诸如此类的空间造型化的神圣数字表现。如铜圈足觥，兽身的脊柱和前胸各有凸起的骨楞状十二块。究竟代表什么意义，恐怕早就没有人知晓了。

在安阳殷墟妇好墓出土器物中居然有精美的组铜斗，一个斗柄上刻有一蝉一熊面，另一个斗柄上有排成一列的六蝉向上、一老蝉向下的图案，熊面位于中央。这样的组合形象图式可以看作典型的六个月生命循环的图像叙事。因为熊的冬眠周期现象和蝉的夏季活跃冬季消失完全吻合对应,所以二者被商代的造型艺术家有机结合在一起。

"六"这个数字在牛河梁女神庙中也有体现,那就是庙的建筑内部所发现的神像数目。据发掘者描述:

"春江水暖鸭先知",牛河梁出土玉凤

> 人物塑像已出残件分属六个个体。其中相当于真人原大的女神头像位于主室西侧;相当于真人2倍的面部、手臂、腿部位于西侧室,经拼接约为盘腿正坐式,与东山嘴所出姿态相同;相当于真人3倍的鼻、耳位于主室中心。神像写实而神化,应为祖先偶像,且为围绕主神的群神崇拜,说明已进入祖先崇拜的高级阶段。另在主室中心和南单室,出有熊龙的头和爪,北室出有猛禽鹰爪、鸟翅等动物神残件。[1]

这样看来,我们从林西发现的八千年前石熊背上的六道脊骨,回到五千年前女神庙中与熊神偶像同在的六个神像,对照三万年前人类先祖绘制的神秘动物及其他季节性符号,难道还不能多少悟出一些"天机"吗?

---

[1] 朝阳市文化局、辽宁省文物考古研究所:《牛河梁遗址》,学苑出版社2004年版,第15页。

牛河梁女神庙出土的泥塑鹰爪

牛河梁女神庙出土的泥塑鹰爪鸟羽

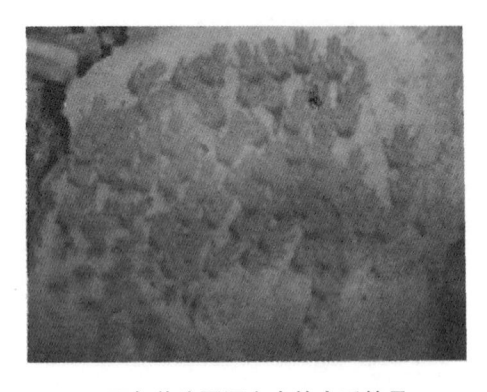

三万年前法国洞穴中的人手符号

叁 北大—哈佛的神话会

北大赛克勒博物馆的熊头

4月的赤峰红山文化考察之旅结束了,我当下就要准备写一篇会议论文。那是北京大学东方学院与美国哈佛大学共同发起主办的一次小规模比较神话学国际会议,5月10日至13日在北大召开。北大方面的负责人是巴利文专家段晴教授,哈佛方面负责人是梵语专家维泽尔(Michael Witzel)。前者是学术圈内的熟人,后者与我在2005年的荷兰莱顿参加的一次比较神话学会议上有过交往。

陈岗龙教授知道我要写"熊",就主动提出赠一本日本学者的书给我。那是他几年前在日本访学期间搜集到的:天野哲也著《熊祭的起源》,主要

在北大召开的比较神话学国际会议　　　　北大未名湖畔

研究日本阿伊努文化中最核心的礼仪活动——熊祭，结合了近年来在日本本土新发掘的考古资料，2003年由雄山阁出版。作者在日本北海道大学综合博物馆任职，熟悉日本社会最底层的阿伊努人的生活习俗，希望揭示日本文化构成中的这一个支流现象。而在中国，情况有所不同：从黄帝时代就以"有熊国"而闻名于世，熊图腾应该不是我们远古文化传统构成中的小小支流，而是相当显赫的主流或主干吧，尽管今天它只是我国北方少数民族狩猎社会的个别现象罢了。其上古的文化渊源以及同华夏文化主脉的潜藏关联，正是我这次研讨会的论文所要探究的。

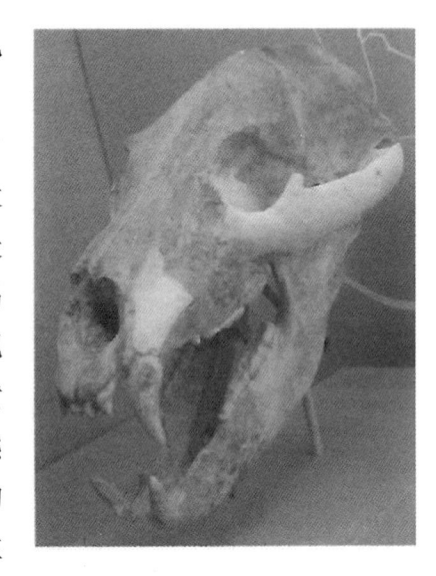

金牛山文化遗址熊头，距今二十八万年

离北大东方学院会场不远，有一个赛克勒考古与艺术博物馆。会议期间，我去看博物馆，居然找到二十八万年前的辽宁金牛山人崇拜熊头骨的证明，及时补充到发言里了。我的英语发言引起了热烈的讨论，有几位外国专家当天就去看赛克勒博物馆，回来都说不虚此行。这篇文章的中文版在北京大学东方文学研究中心的《东方文学研究通讯》2006年第2期刊登，其梗概见下文。

熊图腾神话的源流

提要：熊图腾的信仰是欧亚大陆及北美史前宗教信仰的中心主题之一。作为女神宗教的史前信仰之所以崇拜熊，是由于熊的冬眠春出习性，非常明显又有规律性地体现着大地母神的自然节律。熊作为死亡与再生女神的信仰的普遍性，给欧亚美三洲、北方萨满教传承现象的整体审视，以及各地熊祖神话的系统观照，提供了重要理论契机。从"龙的传人"到"熊的传人"之新认识，为华夏及北方大陆的文化寻根带来新的纵深视野。

赤峰博物馆藏小河沿文化动物陶塑

熊图腾与史前女神宗教

在业已出土的石器时代造型艺术中,有一些反复呈现的动物形象,除了作为偶像而单独出现,还会作为其他神圣象征的隐喻关联物而出现。例如,美国考古学家金芭塔斯在系统分析了欧洲新石器时代陶器图案模式后,发现有一种作为母神象征的网状纹饰:"这种网纹象征经久不衰地反复出现。在方形、卵形、圆形、菱形、膀胱形、三角形(女阴三角形)和带状纹中均有表现,还常常与动物形象相联系,如蛇、熊、蛙、鱼、公牛头和山羊头。"[1]在金芭塔斯看来,熊和蛙、蛇这类动物都是作为复活女神的化身或者替身而出现的,并不只是代表该种动物本身。

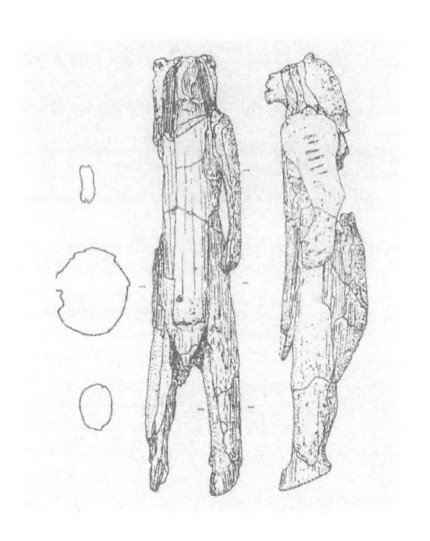

德国出土狮人雕像

新石器时代,人类所崇拜的动物神往往不是单纯的自然崇拜。以熊而

---

[1] M. Gimbutas, *The Living Goddesses*, Berkeley: University of California Press, 1998.

中央美术学院藏傩面具

江西傩舞

言,其在史前信仰之中的基本神格便是再生、复活之神。由于复活总是以死亡为前提条件的,所以熊神也顺理成章地兼任起死亡之神的职能。自石器时代进入青铜文明时代,古老的熊神的身影依然时常伴随着诸女神活动的场合而呈现出来。例如在古希腊,在布劳罗尼安·阿尔忒弥斯节庆上,会出现一位主持仪式的女祭司,身穿黄色长袍,她的仪式职能就在于将阿尔忒弥斯女神扮演为一只熊。而在亚洲大陆东端,在中国民间的舞傩仪式上

希腊瓶画上的阿尔忒弥斯女神

也出现类似的情况:披上熊皮而舞蹈的师公俨然以下凡的熊神自居。只不过由于年代传承的久远,熊神的性别在这里已经不再像希腊人的阿尔忒弥斯神那样明确罢了。

人对熊的认识和熟悉可以说是非常非常久远的。"从对史前遗迹的一次考察中,我们得知大约五十万年前,仅在一处他(指猿人——引者注)

就捕食过……熊、羊、猛犸、骆驼、鸵鸟、羚羊、水牛、野猪和鬣狗等物种。"①将熊当作宗教崇拜的对象,也是迄今我们所能够看到的人类最初的宗教活动的证据。生活在十多万年前至四万年前的尼安德特人的洞穴中,考古学家发现了在石头摆成的圆圈形祭坛中央,安放着熊的头骨。这一景象给宗教史的起源研究带来极大的刺激。英国女学者阿姆斯特朗,也同样从尼安德特人的仪式行为入手,试图从中窥探人猿相告别的观念契机:动物也观看同类的死亡。但是,如我迄今所知道的,它们对死亡没有更多的考虑。不过,尼安德特人的墓葬显示出,当这些早期的人类意识到他们必死时,他们便创作出某种对抗性的叙事,这样的叙事能够帮助他们面对死亡。尼安德特人小心翼翼地埋葬他们死去的同伴,他们似乎想象到了可见的物质世界并不是唯一的现实。因此,从很早的时候开始,人类就具有了想象他们日常经验以外的事物的能力,并以此而同其他生物区别开来。②

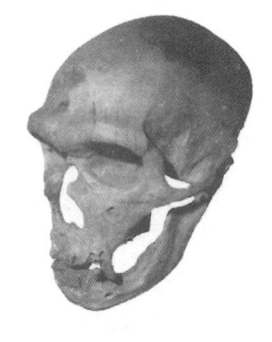

法国西南部发现尼安德特人的穿孔头骨

北方地区的熊所特有的季节性活动规则,尤其是冬眠的习性,容易给初民造成一种死而复活的印象,于是熊在史前信仰之中作为代表生死相互转化观的一个神奇标本,成为神圣的崇拜对象,这也就顺理成章地使它充当了图腾观念首选的物种之一。

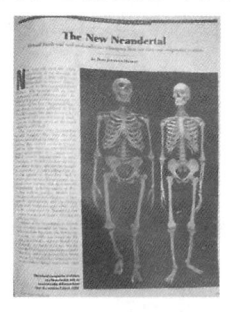

美国《考古》杂志的尼安德特人专号　　　尼安德特人模拟图

---

① D. 莫瑞斯:《裸猿》,周兴亚、阎肖峰、武国强译,光明日报出版社1988年,第151页。
② Karen Armstrong, *A Short History of Myth*, Edinburgh:Canongate,2005,pp.12-40,特别参见第二章"旧石器时代的神话"。

牛河梁出土玉熊龙　　　　　山西出土西周玉熊

熊图腾的分布非常广泛,在整个欧亚大陆的北方地区和北美地区都源远流长。中国史前的红山文化玉器中为什么会出现"熊龙"这样的神话生物?这个问题在单一文化中或许很难理解和把握,但置于横向的文化比较中自可豁然贯通。

印第安人的图腾制度

关于熊图腾在北美洲的存在情况,有美国人类学之父之称的摩尔根,在其著名的《古代社会》中就已给出清晰的概述。该书第二编第二章讲述印第安人的氏族部落联盟的情况时指出:易洛魁人社会组织以各部落拥有多个氏族为特色,少则三个,最多者为八个。每个氏族一般都以自己的图腾动物为名。例如以下六个部落:

塞内卡部——1. 狼氏;2. 熊氏;3. 龟氏;4. 海狸氏;5. 鹿氏;6. 鹬氏;7. 苍鹭氏;8. 鹰氏。

卡尤加部——1. 狼氏;2. 熊氏;3. 龟氏;4. 海狸氏;5. 鹿氏;6. 鹬氏;

17 世纪法国探险家绘制美洲地图(印第安生活场景)

狩猎时代的每种动物都可能充当图腾,赛克勒博物馆的狩猎时代布景

7.鳗氏;8.鹰氏。

鄂农达加部——1.狼氏;2.熊氏;3.龟氏;4.海狸氏;5.鹿氏;6.鹬氏;7.鳗氏;8.球氏。

鄂祭达部——1.狼氏;2.熊氏;3.龟氏。

摩霍克部——1.狼氏;2.熊氏;3.龟氏。

图斯卡罗腊部——1.苍狼氏;2.熊氏;3.大龟氏;4.海狸氏;5.黄狼氏;6.鹬氏;7.鳗氏;8.小龟氏。①

易洛魁人部落的这些氏族划分尽管不尽相同,但是有一个核心要素是完全一致的:那就是以狼和熊为其最主要的图腾动物,分别固定排在第一和第二的位置上。《古代社会》第二编第三章还讲到印第安社

海达石雕熊人母哺乳之痛

会的胞族组织,这是由氏族分化出来并在氏族之上建立的社会单位。如西北沿海的特林吉特人就划分为两大胞族,情况如下:

第一,狼胞族。氏族——1.熊氏;2.鹭氏;3.海豚氏;4.鲨氏;5.海雀氏。

赛克勒博物馆藏陕西华县出土陶鸮面 　　象征生命再生的牛河梁出土玉箍

---

① 路易斯·亨利·摩尔根:《古代社会》,杨东莼、马雍、马巨译,商务印书馆1981年,第56页。

第二,鸦胞族。氏族——6.蛙氏;7.鹅氏;8.海狮氏;9.枭氏;10.鲑氏。①

图腾社会的氏族组织形式体现在该社会的集体意识与文学艺术之中。这种对应的情况就给研究社会结构的学者和研究社会意识——宗教信仰、神话叙事——的学者带来相互阐发的极好契机。例如,《古代社会》中还提到摩基人的氏族组织与他们的神话观念。他们的社会由下列九个氏族构成:1.鹿氏;2.沙氏;3.雨氏;4.熊氏;5.野兔氏;6.郊狼氏;7.响尾蛇氏;8.烟草氏;9.芦草氏。

摩尔根还记录了一位名叫泰恩·布鲁克的美国医生提供的一则关于摩基人起源的神话故事,这是他从一个摩基村中听来的。

很久很久以前,他们的老祖母从西方老家带来九个人种,其形状如下:第一,鹿种;第二,沙种;第三,水(雨)种;第四,熊种;第五,野兔种;第六,郊狼种;第七,响尾蛇种;第八,烟草种;第九,芦草种。她把这九个人种栽种在他们今天村落所在的地方,并将它们变成了人,这些人建造了现在的村落,至今仍保持着人种的区别。他们都坚信灵魂轮回之说,认为自己死后就会返回原形,仍变成熊、鹿之类。

这则神话非常典型地呼应着图腾社会的基本信仰,即人的生命只是宇宙变化之链中的一个过渡环节而已。处在某一人种的生命环节上端的自然物种,既是该种族的祖先来源,又是其最终的归宿形态。不论是熊、狼一类的陆地动物,还是雨水和沙子这样的无机物,均有可能构成作为生命之源和归宿的神圣图腾。在美国人类学家博厄斯的《原始艺术》②一书中,可以看到印第安人艺术品中大量的熊造型。第 184 页图 181,用野生白山羊角雕刻着熊的匙柄。第 185 页图 182,表现熊的浆果匙(a、b.钦西安人;c 特林特吉特人;d.表现虎鲸的纹样)。第 255 页图 289,双熊首食器,用巨角岩羊角制成。第 231 页图 264,夸扣特尔人表现熊的画身。第 210 页图 223,钦西安人画在住房正面的熊。第 187 页图 183,半熊半鲸形象的海妖,

---

① 路易斯·亨利·摩尔根:《古代社会》,杨东莼、马雍、马巨译,商务印书馆 1981 年,第 98 页。
② 弗朗兹·博厄斯:《原始艺术》,金辉译,上海文艺出版社 1989 年版。

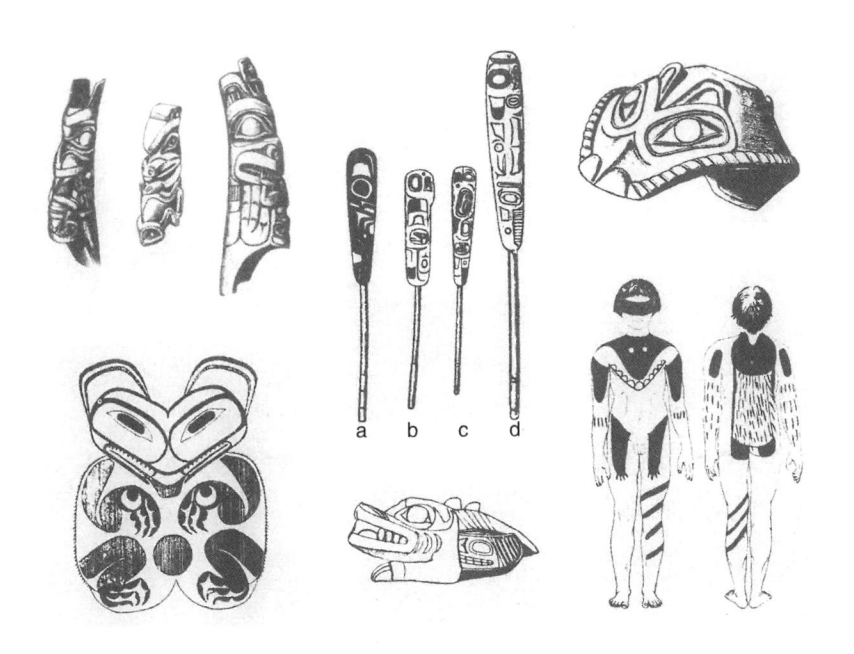

《原始艺术》一书中的印第安人艺术品的熊造型

特林特吉特人的雕刻;图184,虎鲸头熊身的海妖形象,用野生白山羊角雕刻的匙柄。这种把熊和其他动物形象加以组合的怪异造型,也是神话思维的常见视觉表现模式,可对照中国古代雕刻的玉制"鹰熊"[①]及"枭熊"。

对于居住在日本北海道的原住民阿伊努人来说,图腾物的数量相对集中为少数几种动物。其中最为引人注目的是熊和猫头鹰。

有关熊的原始信仰与观念,曾引起弗雷泽、坎贝尔、艾利亚德等人类学、比较宗教学大师们的重视。弗雷泽在《金枝》第五十二章"杀死神性动物"中专门辟出一节(第五节)"杀死神熊",详细探讨了日本阿伊努人的熊祭习俗,给后代的比较宗教研究和神话研究提供了丰富的启示。但是弗雷泽关于熊祭信仰的解释,却还不能令人满意。他注意到

鹰熊玉雕像

---

① "鹰熊"形象,参见徐梦梅:《古玉新经》,上海三联书店2005年版,第209页。

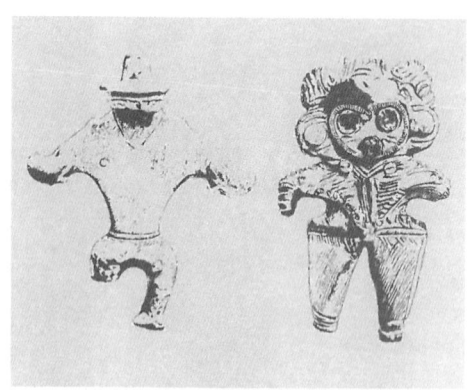

阿伊努人杀熊，为了熊的日后复活　　　　　　日本史前神偶像

阿伊努人既崇奉熊为神灵，又杀而食熊之肉的矛盾现象，依据一位西方牧师约翰·拜契勒的观点给予如下解释：

> 阿伊努人就是这样宰杀动物，希望由此获得各种好处。他们把这些动物看作神灵，希望这些动物为他们带信给亲人或上界的神，他们希望通过吃它们的躯体，或用其他方法得到它们的美德。他们显然希望它们再生到这个世界上来，再把它们捉住杀掉，再一次获得他们已经获得过的一切利益。因为，在击碎熊和鹰的脑袋之前，他们向其崇拜的熊和鹰祝祷，祈求它们复生到这世上来。这些似乎清楚地表明他们相信这些生物将来会复活。如果在这一点上还有任何怀疑，拜契勒先生的证明会予以解除，他告诉我们："阿伊努人坚信猎杀或祭杀的禽兽的精灵会再次投生回到世上来生活；他们还相信，禽兽还阳是专门为了人的福利，尤其是为了阿伊努猎人的福利。"[1]

当代日本神话学家大林太良则认为，熊祭仪式是阿伊努文化中的重要活动。而举行此类仪式的民族，不只是阿伊努人。从北欧到西伯利亚，东

---

[1] 詹·乔·弗雷泽：《金枝》，徐育新、汪培基、张泽石译，中国民间文艺出版社1987年版，第740页。

阿伊努人的熊节　　　　　　　云南莱阳河自然保护区的黑熊

边到北美洲的北部，都有熊祭的传统。大林太良还把熊祭划分为两种类型：一类是像阿伊努人那样的真正的祭熊仪式，他们在山上捕到熊仔以后养起来，然后举行仪式将其杀死。采用这一形式的只有阿伊努、吉利亚克及其附近的两三个种族。其他的民族都是在山上捕熊时把熊杀死。他认为后一形式更加古老。

　　这些民族的祭熊仪式在形式上虽然有所不同，但是其观念和仪式的细节却惊人的一致。阿伊努人认为，熊以人的形象在另一世界生活，而以熊的形象来到人世间游玩。所以，通过人杀死熊这一神圣的行为，从熊的肉体中把其灵魂解放出来，使其在熊国中重生。熊的肉和毛皮是它赠给人类的礼品，也是报答人类杀死它的谢礼。[①] 日本学者天野哲也，从人与熊的生态依存关系上对熊祭做出专门研究，提出猎熊是阿伊努人经济生活的重要方面，其深层动因与人对熊皮和熊胆等珍贵物品的需求有关，并非简单的宗教或者习俗问题。根据《东游记》《虾夷纪事》等古籍记载，关于北海道的物产，最著名者莫过于熊胆和熊皮。熊胆中含有的胆汁酸具有抑止痉挛的效果，自古就是重要的药材资源，并且和熊皮一样有很好的交换价值。包括饲养熊仔的习俗在内，实际都有取熊胆一类的经济利益的驱动。[②] 对宗教与习俗背后的利益的认识，有助于理解人熊依存的特定生态适应模式，理解原始崇拜背后的现实诱因。

---

① 大林太良：《神话学入门》，林相泰、贾福水译，中国民间文艺出版社1989年版，第92页。
② 天野哲也：《熊祭的起源》，东京，雄山阁2003年版，第15页。

阿伊努人饲养幼熊　　　　　　韩国开国始祖檀君及其家人

在亚洲大陆北方,熊图腾在诸多北方民族文化中的表现形式一般与生育的女始祖神话或者被祭拜之动物偶像相关。韩国开国始祖檀君神话和鄂伦春人熊祖先的观念相类似。据《三国史记》说,檀君是天神之子桓雄和一位熊女所生。在日本和韩国的一些地方,都有以熊命名的地名。这可以说是远古图腾时代遗留下来的语言化石。近来有学者提出,韩国民族起源与中国南方少数民族有关联。而其熊祖观念也应向南方文化中去"寻根"。苑利便是此观点的主要倡导者,他认为:"关于韩半岛熊图腾崇拜的起源大部分学者认为应受北亚诸民族对熊图腾崇拜的古老传统的影响,但从熊虎图腾崇拜这一点看,韩文化的主体部分来源于中国南方之说是成立的,它可能与彝语支民族文化同源,而它们的共同祖先则可上溯到上古的黄帝族,这可能是韩文化中土著文化部分真正的根。"[①]笔者对此持不同意见,因为,从语言这个较确凿的文化证据看,韩民族还是与北方阿尔泰语系文化的关系更加直接一些,尤其是北方狩猎民族的萨满教文化。

---

① 苑利:《韩民族熊图腾文化来源考》,载《乌鲁木齐职业大学学报》2003年第3期,第63页。

从考古材料看中国史前熊女神

史前期的中国大陆境内是各种动物繁殖生息的乐园。熊不光栖息在较为寒冷的北方,也生活在温热潮湿的南方。最新发掘的材料表明,广西地区的新石器时代遗址中也发现有大量的熊和鹿、野猪等兽类骨骼遗存。①

人与熊交往的长久历史会在史前信仰方面催生出熊神崇拜的现象。我们已经在现存的印第安人和阿伊努人那里看到这样的情况。那史前的东北亚地区又是怎样的呢?

近二十年以来的史前考古发现表明,中国境内的北方新石器时代文化将人工制成的熊形象作为神来供奉,已经形成了相当悠久的传统。当时人制作熊神偶像的材

辽宁喀左东山嘴遗址祭坛出土
红山文化泥塑女神像

---

① 谢光茂、彭长林、黄鑫等:《广西百色百达遗址考古发掘获重大发现》,载《中国文物报》2006年4月7日第1版。

料多种多样,有石头的、玉的、蚌壳的、泥塑的等等。如果从旧石器时代的更加辽远的视野看,早自二十八万年以前的辽宁金牛山人洞穴遗址中,伴随着智人头骨出土的就有巨大的洞熊头骨(现存北京大学赛克勒考古与艺术博物馆)。可知当时的人类就是以狩猎熊、鹿、野猪等大动物维生的。人与野生动物熊的熟悉程度,远远超过仅有数千年历史的各种家养动物。古人对熊的观察和理解程度,也远远超出了今日之文明人的想象。更加值得注意

二十八万年前的金牛山人遗骨

的一点是,人类先祖与熊打交道的这数十万年的经验,在进入新石器时代之后,终于积淀和升华出了以熊神偶像为特征的普遍的女神宗教信仰。自八千年前的兴隆洼文化,到五千五百年前的红山文化,再到四千多年前的小河沿文化,熊神偶像似乎都是作为人形的女神形象的象征对应而出现的。下面分别举出这三种文化遗存的偶像作为例证,来论述这种情况。

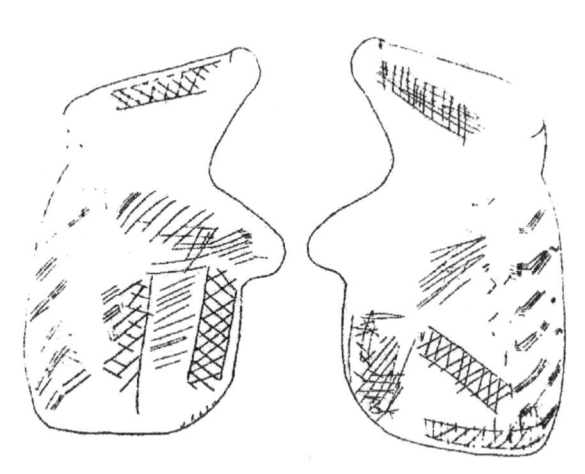

例证一:林西县博物馆藏石雕卧兽,距今七千五百年。属于新石器时代兴隆洼文化,长26厘米,高12厘米,宽16.8厘米。红色凝灰岩,质略粗松,外表有一层灰白色土沁。我在上一章对它的考察分析,得出其为熊的结论。

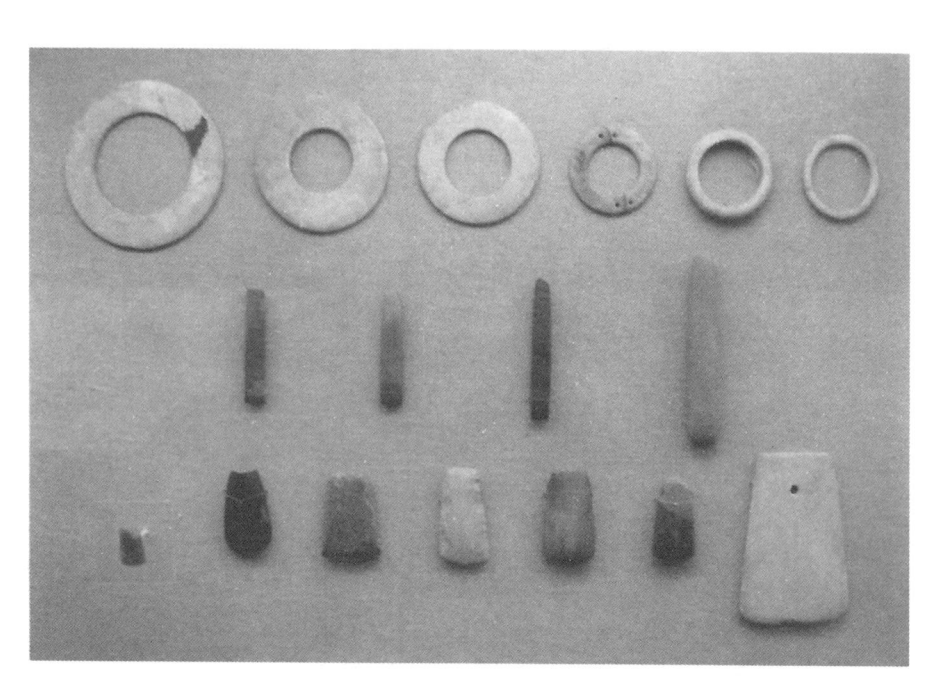

小河沿文化玉石器，赤峰博物馆藏

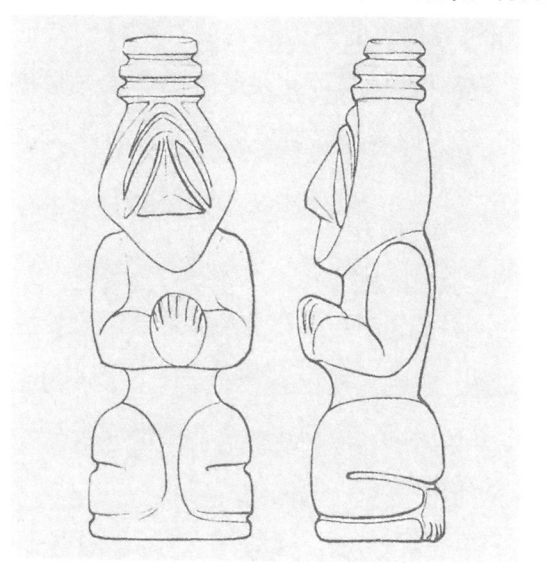

红山文化石人像线图，巴林右旗博物馆藏 　　　红山文化石人像，巴林右旗出土

小河沿文化蚌雕人形刀　　小河沿文化蚌雕人偶　　赤峰博物馆藏蚌雕熊偶,小河沿文化

这里补充鄂温克人神话《熊风葬仪式的来历》,说明对熊骨的特别重视现象,有其信仰方面的原因。该神话说,熊对上天提出要求:"人吃我是可以的,但不得乱扔熊的骨头。"上天同意了。所以鄂温克人对熊实行风葬。如不这么做,把熊的骨头乱扔,"活熊不但不入洞冬眠,而且要害人"[①]。这种视骨头为再生之本的观念,是史前人类由来已久的生命观之体现,一直可以上溯到旧石器时代。

例证二:赤峰博物馆藏蚌雕熊神像。距今四千八百七十年,出土于赤峰市翁牛特旗解放营子镇的蛤蟆山,属于新石器时代小河沿文化,是该地区紧接在红山文化之后的原始遗存。这个造型没有争议,因

象征母体的葫芦陶瓶,夏家店文化,赤峰博物馆藏

---

① 黄任远:《通古斯-满语族神话研究》,黑龙江人民出版社2000年版,第61页。

夏家店下层文化彩陶罐，赤峰博物馆藏

此被命名为"熊形蚌饰"（bear shaped shell ornament）。雕刻这一熊偶所使用的材料是利于长久保存不易腐朽的蚌壳。与它同时发现的还有蚌雕人形偶像。这就再度呈现出熊女神与人像对应存在的关联模式。

例证三：20世纪80年代具有轰动性的红山文化祭祀遗址——辽宁建平县牛河梁女神庙的发现。庙中除了出土泥塑的女神像之外，还同时发现了真熊的下颚骨，以及泥塑的熊头下部残件。这次考古发现充分表明，熊是作为史前神庙之中的尊神而受到红山先民的特殊礼遇的！它再度有力地证明了女神崇拜与熊神崇拜的统一性、对应性。

综合以上三例的分析情况，可以初步达成如下认识：在赤峰东北方圆二百多平方公里地区的新石器时代文化遗址中，先后三次发现人工塑造的熊神偶像,而且有两次都是熊的形象与女神形象对应出现。这就相当明确地提示出中国北方史前女神宗教与北美、西伯利亚、日本北海道和韩国的动物图腾——熊神崇拜之间的文化关联。这种联系与欧亚大陆西端的石器时代熊女神崇拜遥相呼应,值得考古学、宗教学和神话学者给予关注。

商代玉熊,摄于上海博物馆

　　熊女神偶像崇拜在人形与熊形之间的对应,在内蒙古赤峰地区形成了长达数千年的深厚传统。而内蒙古南部地区又与河北、陕西、山西北部地区相互联系,那正是传说中曾经发生中华始祖神黄帝与炎帝大战的地区(距离内蒙古东南部不远的河北北部有涿鹿县,该地名即是对那场史前大战的纪念)。从伏羲和黄帝等远古祖先的名号中都有"熊"字的现象来推测,中华民族在具有成文历史之前已经延续了数千年之久的女神传统与熊图腾传统,那些圣王、先祖们名号中的"熊"符号只是对逝去的远古时代的依稀追忆而已。借助20世纪后期主要的考古学发现材料,我们可以站在新的高度重新审视汉字书写文明开始以后有关熊图腾、熊崇拜、熊占卜、熊迷信的种种现象。

熊龙说与欧亚大陆的熊祖神话

　　熊祖先神话不只是讲来欣赏的文学故事,它更发挥着实际的社会建构与整合功能。檀君神话与朝鲜人的文化认同,黄帝神话与华夏的认同,背后潜伏着的都是同一种熊神信仰。

　　华夏第一图腾动物——龙,从发生学意义看,与熊有直接关系。新石器时代红山文化女神庙的发现给龙的起源研究带来了崭新局面。从熊女神崇拜到熊龙,隐隐勾勒出在后代父权制的中原文明中失落的女神神话传统。猪龙、熊龙和鹿龙等新的假说,就是建立在出土的玉雕像实物基础上的。这一类玉雕龙从出土时被当作"猪龙",后来孙守道、郭大顺等考古学者改变看法,又提出"熊龙"说。理由是,"这类龙的头形、吻部、眼睛形状,特别是有耳无鬣等主要特征看,……非猪的特征,其短立耳、圆睛却与熊的一些特征相似。这与女神庙中泥塑龙具熊的特征正相吻合。牛河梁积石冢中还多次出土过完整的熊下颚骨,可知红山文化有祭熊的传统,故此类

辽宁东山嘴遗址出土双龙首玉璜

龙应为熊龙"①。

和双龙相对应的观念,在距离牛河梁遗址五十公里的东山嘴史前祭坛遗址也可以找到表现,那是当地出土玉器双龙首玉璜②,以及牛河梁第十六地点积石冢出土的双熊首三孔玉器(也曾被当成"双猪首三孔器")。而牛河梁女神庙出土的熊泥塑残片,是最重要的证据,却没有得到考古学家和艺术史学者的充分注意。究其原因,或许是这件雕塑作品过于残缺,使得艺术审美方面的分析与鉴赏难以展开;还有就是它在整个遗址出土文物中显得过于孤立,又缺少其他的相关参照物,所以根本不起眼,无法像女神头像那样吸引人们的注意力。长14.5厘米的泥塑熊爪的发现表明,这里曾经供奉着泥塑熊神偶像。其实,女神头像虽然已经被考古学家指认为"她是红山人的女祖,也就是中华民族的共祖"(苏秉琦语),但是这尊头像的性别特征却并不明确。说其为"女神",也是根据庙中其他泥塑像残体的不大明确的性别特征(至今没有清晰可辨的实物照片公开发表)而推测出的。

克里特文化扬臂女神

新近问世的数种红山文化玉器收藏的图册中,都著录了熊的玉雕形象,它们无言地诉说着一种在后代中原文明中失落了的远古文化传统,其核心是以熊为尊神乃至主神的史前信仰。

---

① 郭大顺:《龙出辽河源》,百花文艺出版社2001年版,第61页。
② 辽宁省文物考古研究所编:《牛河梁红山文化遗址与玉器精粹》,文物出版社1997年版,第62页。

苏秉琦先生著作《华人·龙的传人·中国人》　　凹凸脊骨坐熊玉雕

《红山文化》书中的玉熊神

肆 图腾批评的是与非

在清华大学讲演

5月的北大-哈佛会议后,我又去清华大学做了一场《女神文明及其现代复兴》的报告,其中也提到史前熊图腾崇拜的现象。报告后的提问中,有些同学特别询问了有关"图腾批评"的问题,对小说《狼图腾》也颇多好奇。当时限于时间,我的回答相当简略。事后,我意识到,图腾理论引入我国以来,一直存在误解和争议。如果继续使用这个术语,有必要给予重新梳理和界定,以避免更多的理解分歧。

什么是"图腾批评"?

这应该是 20 世纪中期西方文学批评界出现的一个派别,又叫"神话批评"或者"原型批评",语出美国批评家魏伯·司各特的一部小册子——《西方文艺批评的五种模式》。这本小书由蓝仁哲先生译成汉语,1983 年由重庆出版社在大陆出版。书的封底上印着 0.51 元的定价,今日的青年人或许会觉得匪夷所思,而过来人则有时过境迁之感,乃至"遥想当年"新方法论热潮激荡之下的学术盛况。要知道,在 20 世纪 80 年代以前的封闭条件下,我们的批评家很少接触到这样的社会历史批评模式。

该书第五部分"原型批评:用神话的眼光看文学"是这样开始的:"原型批评是近年来引起了相当大注意的批评模式,

赛克勒博物馆藏史前面具

有时叫做图腾式、神话的或仪式的批评。"①

这里至少涉及了四个专业术语：原型、神话、仪式、图腾。

除了原型这个词来自西方哲学的鼻祖柏拉图（指人们可经验的现实世界背后，还有一个看不见摸不着的理念世界）以外，其他三个都来自文化人类学。文学批评家如果要追溯诗歌起源、神话叙事的仪式背景和信仰背景等，自然会求助于文化人类学的知识。按照司各特的说法："文艺批评家不可避免地要面临这样的挑战：考察文学，希望发现潜在的神话模式。随之而来的分析基于批评家的这种认识：'蕴藏最深的思想——超过了某种作品乃至许多作品的思想，必须在原型象征物中去寻觅，……作家也不得不转向这些象征。'……用厄瑞奇·弗若蒙的话来说，神话是'一种我们自身相传的信息，一种使我们能够处理内部事件像处理外部事件一样的密码'。……这样，原型批评旨在发现和破译文学作品中的密码，使之更能为我们理解。"②

土耳其胡玉克庙的史前女神　　　　　　　红山文化玉熊龙

---

① 魏伯·司各特编著：《西方文艺批评的五种模式》，蓝仁哲译，重庆出版社1983年版，第136页。
② 魏伯·司各特编著：《西方文艺批评的五种模式》，蓝仁哲译，重庆出版社1983年版，第138—139页。

汉画像熊神戏虎

发现和破译文学的密码,实在是非常诱人的智力探险。我本人二十多年来做的主要就是这个。不过为了避免哗众取宠的嫌疑,我在多数公开场合还是回避"破译"这个词,取而代之的是"阐释""解读"等较为平实的措辞。我自20世纪80年代以来的中国神话原型研究历程,已有二十年的经验积累。早期著作《中国神话哲学》(写于1988年,出版于1992年)有专节提出"图腾编码的空间模式",揭示鸡犬羊猪牛马为"六合"的宇宙论意蕴。至于针对某一种动物与中国文化的关系的专题性著述,我在十年前就出版过一本研究生肖动物猪的小书——《亥日人君》。其中探讨了中国早期文明中的猪图腾问题,以及相关的神话与民俗现象。网上有人片面引用本人的观点,称中国人自称龙的传人本也是猪的传人。诚然,从红山文化猪龙到大汶口文化和河姆渡文化的猪造型,家猪的出现有相当的普遍性,但是否成为华夏族图腾祖先,其在诸多图腾动物中所占比重如何,迄今并无定论,有待进一步探讨。

从目前已知的情况看,在我国史前出土文物中常见的动物形象中,以下八种具有较广泛的地域分布和相对较高的出现频率,也较有可能曾经充当图腾:熊、鸮、蛙、蛇、蝉、鹿、虎、鱼。

稍微次要或者宽泛一些的还有:鸟、龟、牛、羊、蚕、狗、马、鸡等。至于狼和藏獒,尽管今天备受传媒追捧,但是从考古材料之中却很少能觅其踪

河南陕县出土西汉嵌贝铜鹿

影。多年来一直想写一部中国神话动物的书，从何种动物入手却始终举棋不定。2005年到甘肃考察一个月，对蛙的印象最强烈，准备了许多素材，也列出了写作大纲。在此之前，2003年考察希腊雅典之后开始了对鸱鸮（猫头鹰）形象的研究，2005年11月在四川大学题为"第四重证据"的学术报告中首次发表。而2006年的牛河梁朝圣之旅，熊就这样后来居上，成了我这本书的研究对象。

雅典学苑石柱猫头鹰像

在司各特对图腾式批评的表述中，一再地使用了"必须""不得不"这样的词，好像在警示读者们，若没有这方面的知识储备，文学作品可能就成了无法真正弄懂的哑谜。

半个世纪以来，原型或图腾批评的实践反过来大大促进了创作方面的象征密码热，从《哈利·波特》到《达·芬奇密码》，世纪转折期的新神话主义浪潮已经几乎席卷了全球的图书与影视市场。这样的现实自然会激发某些文学批评界人士拥抱文化人类学新知识的热情，也引起了某些坚守"文学性"或者"审美"传统老阵地的人士的反感，他们对这种热情抱着不信任的态度，甚至各种打着"破译""解码"旗号的研究成果遭到他们的谴责和嘲笑。回过头来看，还是司各特在三十年前的态度较为公允，他说：

> 但无论其优劣，图腾式批评显然反映了当代人对理性和科学观念大为不满。人类学模式的文学旨在使我们恢复全部的人性，重视人性中一切原始的因素。与强调人的意识和无意识斗争的心理分裂相对照，人类学模式的文学使我们再次成为初民的一员，而原型批评就在于从文学中分析这种初民身份的表演。[①]

[①] 魏伯·司各特编著：《西方文艺批评的五种模式》，蓝仁哲译，重庆出版社1983年版，第140—141页。

"让我们重新成为初民社会的一员"，
2007年新开馆的金沙博物馆陈列模型

韩国前总统卢泰愚在中国河北涿州
所立同祖碑，表明文化源流

回到中国文化语境中来，是否可以说：熊图腾的再发现，使我们再次意识到"龙的传人"这样的流行说辞背后，潜伏着更加深远而广阔的"熊的传人"的信仰，使我们得以在欧亚大陆的宏观背景中，重新理解中国文化之根。

对"图腾说"的不满

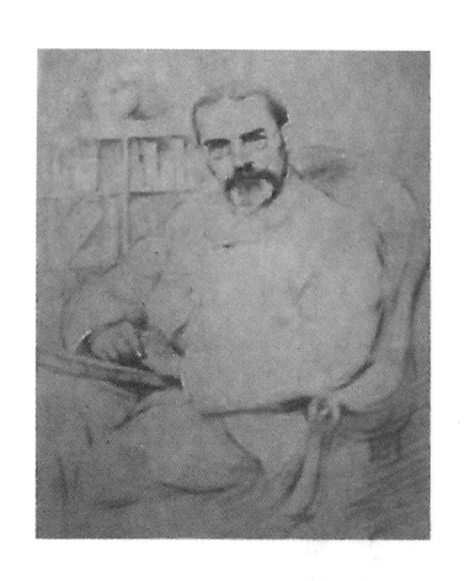

"图腾说"的倡导人之一弗雷泽

在文化人类学的主流中,与 20 世纪初叶的情况相比,今天谈论图腾的学人已经不是很多了。究其原因,英国人类学家亚当·库柏在《发明原始社会》一书中从后殖民立场做了分析,认为图腾说是西方白人学者描述文化他者"原始性"的主要筹码。如果我们今天仍然不加分析和限定地按照弗雷泽、弗洛伊德的用法使用"图腾",难免重蹈泛图腾论的覆辙。这样

黑龙江金上京博物馆藏熊面具　　　　　金上京博物馆

一类的讨论方式似乎已经不合时宜。不过,在我国的古史研究方面,依然延续着当年人类学中的图腾热,这个关键词的使用频率有增无减。①

近年以来,有一些学者对这种现象提出质疑和批评。如哈佛大学人类学系张光直教授写有短文《谈"图腾"》,认为在中国考古学上证明图腾是相当困难的。"要确立图腾的存在,要先确立氏族的存在。"还要求考古学者不要在研究的一开始就假定图腾的存在。国内学者常金仓的《古史研究中的泛图腾论》一文,回顾一个世纪以来国内学人随意套用图腾论所产生的负面效应,给泛图腾主义的随意滥用敲响了警钟。② 而美籍华裔历史学家余英时则在《中国史学思想反思》一文中庄重地声称:

> 20世纪的中国史学家已经基本上是西方宏大理论的俘虏。让他们从这长达一个世纪的被俘中解放出来的时机已真正到来。③

我在本书中斗胆继续使用争议很大的"图腾说",是因为北方民族的熊图腾神话与信仰确实存在,而且足以结合考古发掘实物和文献中的相关

---

① 参见俞伟超:《图腾制与人类历史的起点》,见《古史的考古学探索》,文物出版社2002年版,第1—26页。
② 参见常金仓:《二十世纪古史研究反思录》,中国社会科学出版社2005年版,第89—110页。
③ 陈启能、倪为国主编:《历史与当下》,上海三联书店2005年版,第54页。

记载,给华夏祖先神话寻根提供系统的框架线索,也给自黄帝到三代的熊祖故事、化熊叙事找到深广的大文化背景,给延续达八千年之久的熊形造型传统找到合理的总体阐释。

予岂好图腾哉?予不得已而已。

图腾信仰与神话

关于图腾信仰产生的原因,学界已经有多种解说。我在这里只想突出一个方面,即图腾观念和史前时代的神话思维方式密切相关。图腾一类的神话之所以让今人感到神秘乃至荒诞,就因为它们所遵循的思路与今人截然不同。神话思维的最大特征是不承认抽象理性思维的所谓"逻辑排中律"。按照逻辑排中律的法则:一个事物不能同时又是另一事物。用公式来表达:A 不可能是非 A,不可能是 B。甲不可能是非甲,不可能是乙。可是尊奉万物有灵的神话思维却与此相反:它特别注重事物之间的相互变化和转换。按照神话的逻辑:A 不仅可以是 B,还可以是 C 或者 D。人可能是野兽、禽鸟、昆虫,甚至是树木、石头、星星。我们在各民族神话中最常见的类型就是"变形记"。毫无疑问,我们史前祖先的宗教信仰就是建立在这种变形信念基础上的。所以,熊变人或者人变熊,虎变人或者人变虎,今天听起来是天方

海达人酋长仪式用毯上的贝制熊人骨架

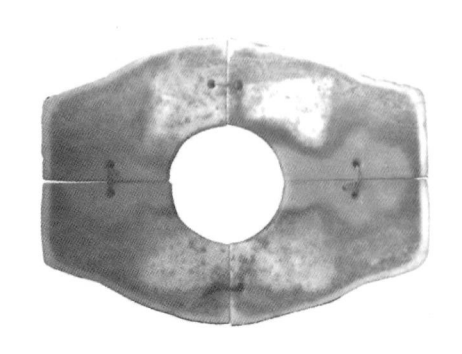

齐家文化龟形四联玉璧　　　　　　牛河梁出土红山文化玉龟

夜谭般的传奇故事,当初却都曾经是确凿无疑的信仰。"在这种变形术的幻想中,关于人和动物统一的原有观念,就会采取新的形式,即信仰人起源于动物的这一形式。这就在认识论上为图腾崇拜的产生,提供了可能性。"①人起源于动物,人变形为动物,是各地图腾神话的普遍母题。

关于图腾祖先观念与神话故事母题的关系,俄罗斯比较神话学家梅列金斯基曾针对"英雄－文明使者"这一母题,做出如下评述:澳大利亚东南部比较发达部落的民间文学中就已经出现了创世的文明使者形象。这些英雄创造者形象的生成,无疑是受了此前的图腾先祖形象的影响。不仅是他们所做的伟业相似,可以证明这一点,后来流行的动物行为说也是一个很好的证明。美洲和非洲土著部落的文明使者往往有着动物的名字,且有着动物的外形(北美印第安人中的文明使者主要是乌鸦、水貂、家兔、丛林狼、乌龟;非洲的则是羚羊、猴子、变色龙、蚂蚁、蜘蛛、金龟子、山羊)。但是文明使者往往不会像图腾祖先那样成为宗教崇拜的对象,而是作为一个凡人进行活动。动物的名字往往成了氏族或人的名字,而变成相应的动物形象,只

刚果仪式用兽头人木铃

---

① 克雷维列夫:《宗教史》(上卷),王先睿等译,中国社会科学出版社1981年版,第23页。

是为了说明他具有变幻的魔术，或是打猎时所施的巧计。这对于我们看待神话和史诗中出现的动物主人公形象，乃至后代传奇小说中的某些动物形象，应该颇有启发吧。

梅列金斯基还说到童话中的动物母题的意蕴：在有些故事中，人与野兽的关系是建立在互相帮助的基础上的。如迷路的猎人在熊的窝里度过整整一个冬天，他送了两只狗给熊作为回报；一个送给老虎做祭品的青年人将老虎从蛇的魔掌中救出，或者说他把老虎从高高的树杈上救了下来，他也因此获得馈赠的貂皮，还有的说是娶了老虎的女儿为妻。

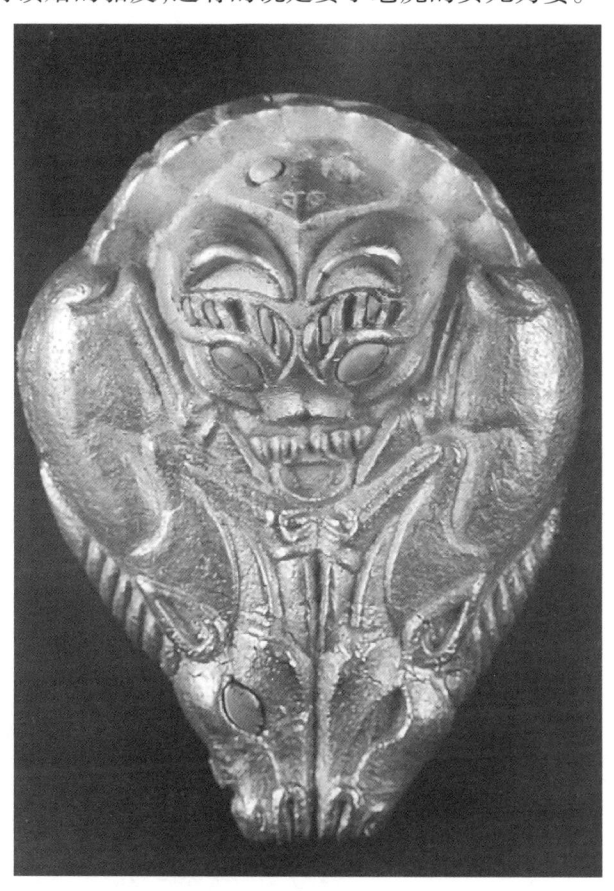

河北易县燕下都出土战国镏金铜牌鸮熊抱双羊

图腾是原始宗教的主要形式

上文所列举的童话与神话的不同之处在于，它的主人公不是图腾动物——野兽或是独霸一方的精怪，而是人（猎人和渔夫）。不过人的命运还是被图腾动物或是精怪所左右，家庭关系和社会关系仍是人与被神化了自然界关系的折射。主人公和神话人物结亲的情节也出现在古亚细亚人的楚可奇-科里亚克部落的古代童话中。如姑娘嫁给了太阳人或月亮人，青年向星星的女儿求亲；与"回声女神"结亲给猎人带来幸运；英雄娶白熊为妻，姑娘嫁给了狗或是海豹；等等。掌握了图腾信仰时代的人兽关系原型，对后代的民间叙事中的类似关系，就可以察源而知

战国鸡心形双瑞兽玉佩，私人藏品

商代犀尊　　　　　　　　齐家文化出土玉蝉

流。不过必须格外小心，避免生搬硬套和胶柱鼓瑟地滥用"图腾说"。

图腾信仰产生在人兽不分的史前时代，那个时候尚没有文字，除了刻画图像、雕塑等视觉符号以外，文化和观念都通过民间口头传承。所以，如何利用那个时代遗留下来的视觉符号，并结合遗留到文明时代之中的口传民间故事，追溯当时人对自然与社会认识之原初情境，是我们探考图腾由来的一条有效途径。

按照梅列金斯基的看法，神话中特有的对自然界的"感悟"并不是以万物有灵论（即人们对灵魂的理想化的认识，认为万物均有灵）为前提的，而是基于人们对自然界与社会的整体认识。因此氏族社会中的成员是通过自己与自然界的关系来分析社会关系的，自然现象之间的联系则被其理解为原始公社内部的关系。氏族与自然界的关系被具体化为一种图腾崇

牛河梁的石砌祭坛昭示五千年前的宗教仪式

图腾柱（仿制），昆明世博园

拜，这种崇拜其实就是原始的宗教。就这样，图腾被看作原始宗教的主要形式。

回到东北亚地区来看，萨满教的熊祭仪式是这一地区诸多狩猎民族的信仰形式的最为原始的实例。如我国的赫哲族狩猎的主要对象是熊(Mafuka)、野猪、鹿等。关于猎熊，如今在苏苏屯流传着的礼仪程式如下：熊处在南方的山坳之中，狩猎者在出发之时，要五六个人为一个小组，带着猎犬，到苏苏屯郊外的关帝庙去祭拜赫哲族的财神老把头(Ropato)，所供奉的祭品是小米和黄米混合制作的干饭两碗。过去的祭祀还要有萨满的跳神祈祷，如今只有合掌叩头式的祈祷，希望狩猎成功和狩猎者平安。狩猎团队一旦进入山里，就要遵守一系列的禁忌语。这种习俗对应着弗洛伊德所说的"图腾与禁忌"。如不能说杀熊，要说 Mafuka Wa；不说取熊，要说 Mafuka Bakaha；不说熊头，说 Zare；不说熊掌，说 Piektera；不说熊眼，说星；

不说熊鼻子,说云。赫哲族的猎人们认为,如果不遵守这些语言禁忌,那就不光猎不到猎物,而且还会招来灾祸。

在这样的熊图腾信仰观念的大背景中,从熊祖神话到童话的各种口传文学及其流传和变体,就不难有文化整体中的理解了。史前的兴隆洼文化和红山文化中出现熊神偶像的情况,也很容易还原到当时狩猎的生活背景中得到合理的体会。

据中央民族大学王宪昭博士的学位论文《中国民族神话母题研究》(2006年5月)统计,我国现有的五十五个少数民族中讲述熊图腾的民族就有十二个,分别是朝鲜族、达斡尔族、赫哲族、鄂伦春族、鄂温克族、蒙古族、维吾尔族、白族、傈僳族、珞巴族、怒族、瑶族。如果加上羌族和汉族上古的材料,或许可以推测:时代越是久远,越多的民族就与狩猎时代更加接近,而熊图腾的文化范围和势力也就越加可观。

伍 冬眠之熊与鲧、禹、启神话之谜

古埃及女神哈托尔戴牛角像,牛角是生命再生的象征

从熊穴启闭获得的启发

自史前的新石器时代开始,欧亚大陆的文化遗址中较普遍地出现了女神偶像,以及女神的各种动物象征。这些象征大多围绕着能够体现出周期性变化或者循环变形的意象而展开。比如,体现圆缺变化的月亮,能够蜕皮复生的蛇、蜥蜴,身体循环变易的青蛙、蟾蜍,按照季节的节奏而新陈代谢的鹿角、牛角,等等。熊罴这样的大型猛兽,居然也能够成为再生女神的一种化身,加入到死而复活的神话原型系列中来,原因何在呢?

辽宁文物商店收藏红山文化玉熊龙胎　　辽宁喀左东山嘴红山文化遗址出土女神立像

原来,熊也具有一种非常类似蛙、蝉的周期性生理变化习性,那就是一年一度的冬眠现象。我国的古书中就保留了初民在这方面的认识。《太平御览》卷五十四引《山海经》曰:

> 熊山有穴曰熊穴,恒出神人,夏启而冬闭。是穴若冬启夏闭,乃必有兵。(郭璞曰:今邺西有鼓山,上有石鼓象悬著山旁。鸣则有军事。)

对照今本《山海经·中山经》的记载,虽文字略有不同,意思还是一致的。如"熊穴"作"熊之穴"。值得注意的是,熊山的熊穴是按照冬夏的季节交替而开启和关闭的。这种循环变化正是围绕着熊的季节性冬眠习惯而展开的。熊穴的"冬闭",说的就是熊在冬季入洞冬眠。熊穴的"夏启",则表示熊在春夏之际从冬眠中醒来,重新走出洞穴。分明是熊在熊穴中出出入入,《中山经》却又特意说明"恒出神人",莫非是把熊看成了死而复生的神灵?如此看来,循环性的冬眠现象,使熊在初民心目中获得某种神圣性。据新石器时代宗教神话的通则,大凡具有再生特征的神灵都被归结到女神-母神一类。因为在初民朴素的经验观察中,是母体而非父体,单独承担着生命再生产的职能。这种生命的孕育与诞生,被神话思维理解为体现大自然神力的复活或者重生。

助产的牛角女神也是再生神力的象征　　山西朔州出土西汉彩绘铜雁鱼

农业民族春种秋收的生活节奏使他们对季节更替现象十分敏感。所谓"敬授民时""现象授时",是农耕社会可持续生存的必要前提。冬眠的动物和昆虫也和大雁、布谷鸟等候鸟一样,可作为物候,标示出冬去春来的农时转折点。古书上把这类动物称为"蛰兽"。因为它们的生命变化节奏与节气中的"惊蛰"相吻合。《太平御览》卷八百六十八引《周礼》曰:"春秋以木铎修火禁(火星以春出,以秋入,因天时而以戒)",

陕西华县南关出土汉代熊形陶尊,陕西考古研究院藏

又曰:"穴氏掌攻蛰兽,各以其物火之(注:蛰兽,熊罴之属,冬藏者也)。以时献其珍异皮革。"

　　了解到熊罴在古人分类中与"蛰虫"同类的理由,就在于"冬藏"而夏出的习性,那么它们在惊蛰之际结束冬眠走出熊穴,也就不难理解为"恒出神人"的规律现象了。熊罴的神化与圣化,同时也完全吻合古代哲学"道法自然"的观点。随着大自然的阴阳转化节律而冬藏夏出,使得熊足以充当"道成肉身"的生命标本。关于鲧、禹和启祖孙三代的生命神话,就是围绕着规则闭启的熊山熊穴母题而转换生成的。今人大都不明白,"惊蛰"一词,本来就叫"启蛰"。《左传·桓公五年》:"凡祀,启蛰而郊。"孔颖达疏:"《夏小正》曰:'正月启蛰。'其《传》曰:'言始发蛰也。'"杨伯峻注:"启蛰犹今言惊蛰,宋王应麟所谓'改启为惊,盖避景帝讳'。至汉行太初历,改惊蛰在雨水后,为夏正二月节气,古之惊蛰在雨水前,为夏正正月之节气。"柳宗元《非国语·不藉》:"启蛰也得其耕,时雨也得其种",用的是"启蛰"一词的原义。至于骆鹏《寄怀师农》诗所说的"风高尚有南飞雁,龙伏曾无启蛰雷",则是泛指惊醒、唤起蛰伏过冬的动物。"启"字本身也可用于唤醒冬眠或者指结束睡眠的、麻木的或不清醒的状态。如"启聩振聋"这个成语,就专门用来比喻唤醒的效果。例如秋瑾《望海潮·送陈彦安孙多琨二姊回国》词:"仗粲花莲舌,启聩振聋。唤起大千姊妹,一听五更钟。"

透视鲧、禹和启祖孙三代神话之谜

下文拟从禹与启母石的神话场面入手,来透视潜伏在台后发挥支配作用的冬眠之熊的原型。

夏启的生母涂山氏所化之石,就叫启母石。班固在《汉书·武帝纪》中记载,汉武帝说他在中岳嵩山亲眼看见了"夏后启母石"。颜师古给汉武帝的话加注解说:"启,夏禹子也。其母涂山氏女也。禹治鸿水,通轘辕山,化为熊,谓涂山氏曰:'欲饷,闻鼓声乃来。'禹跳石,误中鼓。涂山氏往,见禹方作熊,惭而去,至嵩高山下化为石,方生启。禹曰:'归我子。'石破北方而启生。事见《淮南子》。"武帝的一句话,引出注释家一个完整的神话故事。不过今本《淮南子·人间训》对此只说到"禹生于石",没有详细的描述。高诱注:"禹母修己,感而生禹,拆胸而出。"这就引出了另一个大禹母亲

西夏王陵石雕

宁夏贺兰山,石头崇拜与岩画符号

如何生禹的故事。与此对应的,先秦古籍中还有禹的父亲鲧化熊的情节(《天问》),以及鲧单独从腹中生育出禹的情节(《山海经·海内经》和《归藏》)。

把祖、父、子三代的出生神话合起来看,可以看到一种前后交错呼应的连环叙事情节。禹是石头母亲裂开胸所生出的;禹的儿子启,也是石头母亲涂山氏所生出的;禹的父亲鲧有化熊的特异变形能力;禹自己也拥有化熊的特异变形能力。禹的母亲修己有化为石头的变形能力,启的母亲涂山氏也有化石的变形能力。在三代人五个角色中,作为祖父母和父母的四位长者居然都表演出"变形记"的神话场景。把这些化熊化石的男女人物同熊穴神话联系在一起看,可以概括出一组二元对立:

男人,化熊,入穴,死(冬眠开始);英雄末路
女人,化石,开穴,生(冬眠结束);英雄再生

从神话象征叙事的通则出发,进一步解析禹与涂山氏夫妻结合的情

节,我们看到:在表层叙述上讲的是代表阳性的熊与代表阴性的石的结合,在隐喻层上表达的则是阳性之熊进入阴性的石头洞穴。而石头洞穴,早自数万年以前的旧石器时代后期,就已经成为原始猎人们心目中的女性性器之象征——大地母亲的子宫。象征大地母亲神的子宫的洞穴,如果总是固定在闭锁状态,那就充其量只能孕育生命,当然不可能诞生出新生命。所以开启和关闭、入穴和出穴的循环运动,实际上充当着古神话有关夏后氏"鲧—禹—启"三代神祖叙事的深层"语法"吧。

化熊,则意味像熊那样获得冬眠与复苏的能力,也就是意味着不死。入穴,意味着重新回到大地母神孕育生命的子宫,也就是回到了生命再生的源头,同样意味着不死。所以鲧和禹的结局在表层叙事上不同,在深层象征意义上则是一致的。他们的后代单传启,则侧重扮演着神话舞台上的新生职能。

从神话原型会在后代文学中不断置换生成的原理看,关于贾宝玉的

象征熊穴开启的妖魔化造型,维也纳魔法公园

"石头记"神话也是从异常古老的冬眠熊的循环象征叙事模式中脱胎演化而来的。重要的是宝玉来源于大荒山的石头,让人联想到熊山熊穴的开启;他在红尘历劫一十九年后,又重新回到大荒山下做了石头,完成一个完整的生命循环过程。而十九年的循环往复意蕴,早自殷商时代确立十九年七闰的闰月体制时,就已经发展为固定的象征。参看庖丁解牛之刀"十九年"不用磨的情节,以及"黄帝立为天子十九年"而出巡的故事,曹雪芹如何呼应庄子"荒唐之言"的神话叙事策略,就不难理解了。

总结以上讨论,我们知道了石头开启而生人的神话,其实是熊罴类冬眠动物的周期变化所转换生成的一种象征性表述:初民观察到熊进入石头洞穴冬眠的现象,通过幻想催生出人化熊、化石的情节,在神话叙事中喻示个体生命的一个周期的结束和关闭;而冬眠结束重新走出石洞,则是一个新生命周期的开始,神话思维通常理解为死而再生、复活,当属春天的神话。

现在让我们回到这个连环叙事的最后一位主人公"启"的名字上,做进一层的解析。启在古代又作"启",也作"啟"。该字的本义指开,打开。

天熊的图像证据:新出土的陕西神木大保当汉墓画像石

河南泌阳盘古庙中尧、舜、禹像

《尚书·金縢》:"王与大夫尽弁,以启金縢之书。"韩愈《感春》诗之二:"宫门一锁不复启,虽有九陌无尘埃。"引申为指开拓、开创。《诗经·鲁颂·閟宫》所说"大启尔宇,为周室辅",用的就是这个意思。启字还引申为"通"或者"开通"之义,这就直接和禹的治水方式对应了。《梁书·元帝纪》云:"凿河津于孟门,百川复启;补穹仪以五石,万物再生。"前面提到禹是在"通轩辕山"之际化熊的。通山的目的是疏通水道。"百川复启"既然对应着"万物再生",则禹之治水,也就在象征层面上相当于第二次创世和创生了(参见拙著《中国神话哲学》第八章"息壤九州")。用今天的话说,洪水意味着混沌状态,混乱状态,宇宙秩序的破坏;而大禹治水和女娲补天都是宇宙秩序的重新恢复。贾宝玉所由诞生的石头,既然是补天时代遗留下来的,那么主人公的个人生命也就呼应了"补穹仪以五石,万物再生"的宇宙生命循环。古汉语中有一批合成词如"启化""启运""启祚"等,均可还原到神话的宇宙发生论背景中去

河南泌阳盘古庙女娲像

理解。

熊穴的冬闭夏启意味着一年中最重要的季节转换。启和闭,就这样顺理成章地成为比喻季节关口的符号。比如,启就可指立春、立夏,而闭就指立秋、立冬。《左传·昭公十七年》:"青鸟氏,司启者也。"孔颖达疏:"立春、立夏谓之启。"《左传·僖公五年》:"凡分、至、启、闭,必书云物,为备故也。"杜预注:"启,立春、立夏;闭,立秋、立冬。"合成词"启闭",可泛指节气变化。如《晋书·律历志中》说:"启闭升降之纪,消息盈虚之节。"又如陆倕《〈新刻漏铭〉序》:"时乖启闭,箭异锱铢。"

有领玉璧,金沙博物馆藏

徐州狮子山西汉墓出土双熊首玉枕局部图

夏后启作为标准的熊之传人,他的名字"启"就是其出生神话的提要,或者称为"关键词"。"启"的出生故事其实就是以叙事情节来图解的一年之中最重要的季节大转换。蛰虫在冬藏后的春出,被古人比喻为打开生命门户,有所谓"启户"一说,在特指语境中表示打开洞穴之口。《礼记·月令》:"蛰虫咸动,启户始出。"孔颖达疏:"户,谓穴也。"陈澔集说:"谓始穿其穴而出。"在此,我们终于明白了:像"鲧复生禹"的情节,或者修己"拆胸而出"而生禹的说法,以及《淮南子》"禹生于石"的说法,都是同一个冬眠春出神话"启户"或"穿穴"原型的不同表述而已。

启闭之门的象征蕴涵，关中民俗博物院清代宅门

启户的象征意蕴，云南民族大学博物馆彝族民居门户

熊能够在冬眠之后穿穴而出，给人类留下类似穿山甲一般的印象。这就使熊这种野兽，也能够和开山导流的治水活动建立起另一层的联系。禹化熊开山，其灵感实来源于父亲鲧之"死"的方式——化为黄熊。父亲鲧以化熊为结束自己一生的方式，这里潜伏着明确的示范作用：他有生之年以堵塞方式治水没有成功，化熊意味着彻底终结了死路一条的堵塞治水方式，同时开启像熊穿穴一般的新治水方式——疏导开流。这是大禹成功的诀窍，其来源就是父亲失败化熊所提供的启示。其终极的仿生学本源，当然在于冬眠结束开穴而出山的熊。

从熊穴的启闭，到蛰兽熊的启蛰、启户，它给人的启迪、启发、启蒙作用不仅在于提示季节农时，还在于穿穴开山的方式。这种启发，虽然被命名在禹的儿子启那里，其实最直接受惠人还是禹。换言之，启的爷爷鲧，堪称是启发式教育的典范。他以失败和自我牺牲为代价，换来对后继者禹的启发。这就是他化熊的变形神话所特有的惩前毖后功能：从以身作则的意义上去理解，化熊而终的鲧，完全应验了孔子《论语·述而》中说的"不愤不启，不悱不

开门见土地，清代照壁土地神堂

发"的至理名言。汉语中"启发"一词，就源于此。同样道理，启发的同义词"启迪"，从一开始就包含着承前启后的意思。《尚书·太甲上》："旁求俊彦，启迪后人。"孔传："开道后人，言训戒。"

失败者为成功者戒，即使没有鲧的化熊，或者鲧的化熊而终并没有任何启发作用，鲧治水失败本身还是为禹提供了前车之鉴。

屈原不理解，为什么同是治水的圣人，鲧和禹在名誉方面会有天壤之别？为什么一个获得成功的美名，另一个却成了戴罪之人？所以他在《天问》中留下了千古难解的问题：

鲧何所营？
禹何所成？

如今我们从熊图腾神话的编码原理上，多少窥测到古神话的深沉道理，也就有理由回应屈原的疑问了吧？

当然，启自己的生平事迹中也不乏获"启"的重要事件，那就是天启的神圣音乐获得者的一次殊荣。《山海经》说他"上三宾于天，得《九辩》与《九歌》以下"。只可惜这一次的天启没有给他带来更多的建功立业机会，反倒好事变坏事，让他沉湎于享乐和堕落之中不能自拔。《离骚》说："启《九辩》与《九歌》兮，夏康娱以自纵。不顾难以图后兮，五子用失乎家巷。"

古语云：生于忧患，死于安乐。启自己的荒淫误国，难道不是给后人留下无尽的反面教训吗？由此来看，启作为大禹的儿子，同他的爷爷一样，从

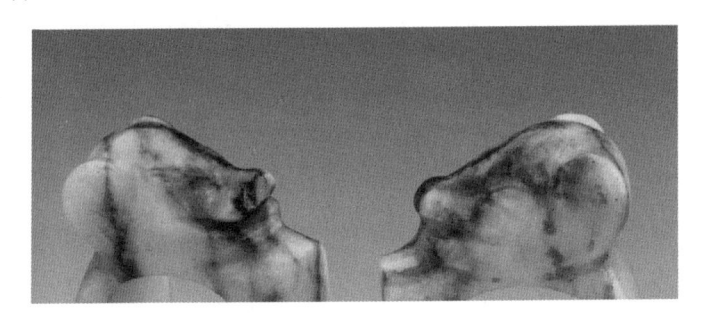

辽宁出土红山文化双熊首三孔玉器（局部）

启迪鉴戒的意义上,给后人留下更多的是反面教员的作用。不像他的父亲那样,永远是生于忧患、挺身而出的正面成功者和济世大英雄。鲧、禹、启三代君王,作为中华历史第一王朝的第一批统治者,如果把他们的神话传说联系起来做整体考虑,鲜明地展现出"反—正—反"的辩证意味,其伦理价值色彩上的起伏升降,倒也是同熊神的周期性循环吻合无间的。

合肥出土西汉镏金铜熊

陆 熊图腾：从神话到小说

大理国"利贞皇帝礼佛图"摹本局部,文官部分,云南省博物馆藏

熊图腾作为中华远古祖先神话的一条重要的原型线索,必然会在后代文学中留下深远的影响,并且按照文学原型的一般规则,会以置换和变形的方式,生成新的叙事作品。

　　古代文学史发展到唐代,在佛教讲唱叙事的刺激之下,迎来了以唐传奇为代表的叙事文学之繁荣。再到宋代,出现了一部传奇小说的集大成著作——《太平广记》。我们在这一部空前规模的想象性叙事作品的总集中,看到一大批演示人兽关系或人与禽兽互变母题的故事。熊在各种动物之中所占的比重,已经是微乎其微。原因在于,中古以后,远古的熊图腾权威早已经在历史的尘封中销声匿迹、湮没无闻了。古神话的沉寂导致民族集体性的失忆,唯有古老的文学原型依然会在后代人的叙述幻想中若隐若现,不绝如缕。和分别占据了《太平广记》八卷篇幅的龙(第四百一十八至四百二十五卷)和虎(第四百二十六至四百三十三卷)的传奇故事相比,熊的故事只有区区几则,不到一卷(第四百四十二卷"畜兽"部分,第三百八十八卷"悟前生"部分)篇幅,与它的老竞争对手龙和虎相比,熊似乎已经是稀有动物,其少见的程度接近现实中的珍稀动物——国宝大熊猫。不过,纵观这一类熊题材叙事,大体围绕几个方面的象征意蕴而展开。

西周凤纹尊,摄于保利艺术博物馆

彝族虎面具,国家博物馆
2006非物质文化遗产展

我们从宋代人整理记录的这不多的几则熊题材故事中,分明可以看出熊图腾神话时代所表现的基本主题——熊之冬眠,季节变化符号,死而复生。

西安市博物馆藏战国夔龙玉佩

石膏熊塑

季节循环的象征

具体到每一篇作品看,《子路》一篇(出自《异苑》),讲的是冬眠与唤醒的故事:

> 东土呼熊为子路。以物击树云:"子路可起。"于是便下,不呼则不动也。

《熊胆》一篇(出自《酉阳杂俎·支动》),几乎就是季节变换符号学图解:

> 熊胆,春在首,夏在腹,秋在左足,冬在右足。

从熊胆这种名贵药用成分在熊身体各个部位的上下循环,来体现大自然的季节变换之韵律,这完全吻合熊作为冬眠之神的原型意蕴,只是将循环变化的焦点,从熊这种动物本身,置换到该动物的身体之一部分——熊胆上去了。熊胆新神话,可以说是局部替代整体的叙事置换之活标本。

从中医学观点看,熊胆具有很高的药用价值。据李时珍《本草纲目·

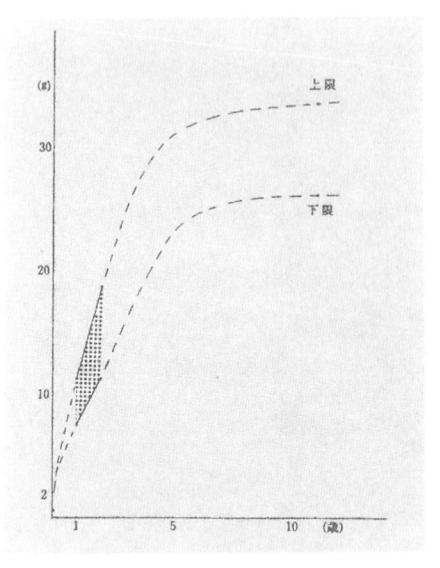

熊成长期熊胆重量变化图　　　　　　　熊人玉雕像

第1表　後松前藩治時代（1821～54）のクマの胆と毛皮その他の価格（単位は紋別を除き、文）（高倉 1972：249を改変）

場　所	新　冠	十　勝	釧　路	根　室	紋　別
クマの胆	100/匁	100～350/匁	80～120/匁	4貫34文/個	1～15米俵/個
クマ毛皮	800～1200	—	448	672	1～3米俵/枚
シカ毛皮	200～400	400～600	112～204	——	——
キツネ毛皮	111～135	90	112	100～224	——

日本19世纪熊胆熊皮价格表，引自天野哲也书

兽二·熊》的说法："熊胆，苦入心，寒胜热，手少阴、厥阴、足阳明经药也。"宋周密《齐东野语·经验方》则说到熊胆的外科效果："熊胆善辟尘。试之之法：净一器，尘幂其上，投胆一粒许，则凝尘豁然而开。以之治目障翳，极验。"此外，熊胆还有提神的作用。《新唐书·柳仲郢传》说，唐代有一位叫柳仲郢的，自幼嗜学，其母曾和熊胆丸，使夜咀咽，以苦志提神。这件事后来被文人用作贤母教子的典故。明吾邱瑞《运甓记·剪发延宾》："夜烛青藜，敢愧熊丸之教。"看来，熊胆四季转移的神话并没有给后代想象带来刺激,反而实际的药用效果更加受人关注。

　　《升平入山人》一篇(出自《续搜神记》),是几篇之中篇幅稍大的。整个故事重新演示着主人公入熊穴而复出的情节,对应的是古代史诗英雄的离家消失与回归,体现的依然是死而复生神话主题。故事背景虽然被放在晋代,主人公入山打猎的场景,却自然回应着北方狩猎民族中流行的熊祖神话模式。主人公与熊母子共处了一段时光,并且"转相狎习";还能够和熊子一起,受到熊母的关照和抚养,最后靠熊母的善意帮助而逃出地穴。这个传奇没有表现狩猎民族熊祖神话中常见的人熊婚配主题。主人公有惊无险地与熊共处的故事,突出了母熊的和善可亲和人情味。"熊母每旦觅食果还,辄分此人。此人赖以延命"的叙述,完全将猛兽熊表现为人的救命恩人,应该是对早已逝去的熊图腾时代的依稀追忆。

复活的象征

《黄秀》一篇(出自《异苑》),讲述主人公离家消失、入山化熊的故事:

邵陵高平黄秀,以玄嘉三年入山,经月不还。其儿根生寻觅,见蹲空树中,从头至腰,毛色如熊。问其何故,答曰:"天谪如此,汝但自去。"

生哀恸而归。逾年,人见其形,尽为熊矣。

故事发生的时间地点都交代得很明确,似乎真有其事。"从头至腰,

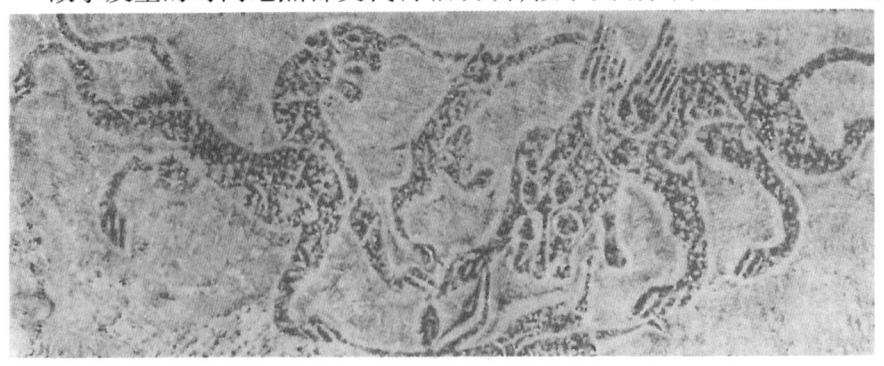

熊人引虎吃旱魃

毛色如熊"的描述,也有栩栩如生的逼真效果。但是分析主人公名字"黄秀",乃是"黄熊"一词的谐音置换。据此可以判断,这个中古的人化熊故事,显然来自上古大英雄鲧、禹化黄熊神话。或者说,黄秀故事

汉画像中的鱼与熊人,都是生命再生象征

体现着远古圣王化熊原型在后代世俗叙事中的平民化再创造,也分明应验了原型理论家弗莱所说的"文学产生文学"的原理。黄秀的儿子黄根生在父亲失踪"经月不还"的情况下,进山寻觅,发现父亲在空树中(熊穴的置换)蹲着,上半身长出了熊毛。面对父亲身上发生的这种奇异变化,儿子不得其解,就向父亲问原因。黄秀用"天谪如此"来回答,这就将人间变形记发生的本源归结到神界那里去了。父亲完全变化为熊的时间周期被作者界定为"逾年",这一说明也在暗中再度呼应了熊的一年一度的冬眠变化周期。只是故事结尾处笼罩在儿子的"哀恸"之中,并没有丝毫暗示黄秀变熊以后还有什么转机或变化,这就使"天谪"

象征生命再生的玉人,殷墟妇好墓出土

的罪与罚色彩更加显著,而睡熊复苏出穴再生的潜在主题则隐而不彰。

《顾非熊》一篇(出自《酉阳杂俎》),没有归类在"畜兽"部分,而是归在"悟前生"部分,显示唐传奇受到佛教观念较多的影响。

> 顾况之子,年幼而死。顾况悲伤不已,作诗哭之。儿子死而魂神不去,重新托生顾家,如梦初醒一般认出前生景象和亲人,但口不能言。七岁时能够说出前生事,历历不误。还能叫出弟妹的小名。人称顾非熊。

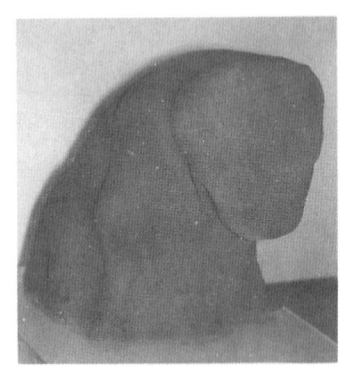

体现中国人死后观念的幽都,四川丰都　　中国的"死后审判"观,丰都鬼城阎罗殿　　作为明器的西汉陶塑熊,重庆涪陵博物馆藏

这个死而复生的故事非常生动地模拟熊冬眠后复活的叙事原型,又以玩笑般的命名方式来暗示主人公与熊的潜在关联。所谓"非熊",多少有此地无银的味道。其实在人名字中已经喻示:你虽然不是熊(神),却能够像熊一样冬眠后复生!

顾非熊神话的作者,将一个神奇的再生传奇附着于唐代大诗人顾况的逸事,突出表现父慈子孝的感天动地效应,足以让不幸早夭者复活。故事还突出表现了诗歌特有的招魂与救生功能,应验了古人说的"惊天地泣鬼神,莫尚于诗"。

通过以上五个传奇故事,我们已不难看出,古老的熊图腾神话的模式和主题是怎样在后代文学想象中发挥原型作用,生成新的小说作品的。反过来,对熊神崇拜传统的深入理解,也为我们解读这些后代的叙事作品所以然,提供了文化整体源流的透视背景。

佛的象征：能仁与熊菩萨

非常有趣的是，当南亚的印度人创造的佛教进入中国时，北亚大陆古老的熊神传统也能够发挥接引糅合作用，使外来的南亚宗教信仰在我们的本土获得"格义"（指用本土文化原有的语汇来翻译外来的新内容）的基础。

就这样，印度传过来的佛祖释迦牟尼和菩萨，都在不知不觉之间和本土的熊神传统发生了关联。

就佛祖释迦牟尼而言，他的名字除了来自音译的这一个之外，还有一个意译的名字，一般人不大知道，叫作"能仁"。从

大理国"利贞皇帝礼佛图"摹本，局部，云南省博物馆藏

命名策略上看,这种意译方式显然是把孔子大力倡导的儒家伦理最高范畴,借用来修饰这位外来的圣者了。我们看《佛学大辞典》的解说:

> 【能仁】梵语的意译。即释迦牟尼。《修行本起经》卷上:"佛告童子,汝却后百劫,当得作佛,名释迦文。(原注:汉言能仁)……于是能仁菩萨以得决言,踊跃欢喜。"

南朝齐王中《头陀寺碑文》:"皇矣能仁,抚期命世。"《魏书·释老志》:"所谓佛者,本号释迦文者,译言能仁,谓德充道备,堪济万物也。"唐陈子昂《燕然军人画像铭》:"当闻西方之圣有能仁者,凶吉之业,各极以直。"清蒲松龄《聊斋志异·蒋太史》:"只有君亲无报答,生生常自祝能仁。"从上引情况看,今人几乎遗忘的佛祖的这个中国化名字,在古代文人那里还是有所流传的。如果把"能仁"的"能"字,理解为动词,那就是指这

大理国"利贞皇帝礼佛图"摹本局部,武将部分,云南省博物馆藏

位慈悲为怀的宗教圣人能够像儒家理想君子那样,以仁爱为其根本的人格特征。倘若把"能仁"的"能"字理解为与"仁"字并列的名词,则含有特殊能力乃至特异的生命能量之意,这就与能为熊的本义接上了榫。当时这位给佛陀创造中国译名的翻译者究竟是谁,我们今天已经无法考证了。能仁这个名字可以上承西周时代"能奚"(见青铜器《能奚方壶》)、"能匋"(见《能匋尊》),下启唐代的"能延寿"等,可谓古有渊源,后有承袭,一脉相承,地地道道的中国化了。

藏传佛教菩萨图　　**藏传佛教人体观**

至于熊与菩萨的关联,可以在《根本说一切有部毗奈耶破传事》卷十五记载的熊菩萨故事里,看到典型的标本:

> 从前,有一个樵夫,入山砍柴,不知不觉天色已晚,又下起大雨。樵夫迷了路,万分焦急之中,四处奔走,寻找能够藏身的地方。匆忙中走入一个石窟,看见一只大熊,正在角落里睡眠。樵夫虽然心惊胆战,但是外面已经黑夜降临,又下着大雨,只有硬着头皮待在石

本教熊面佛母

窟里。

大熊醒来之后,对樵夫非常友善,一点也没有要伤害他的意思。樵夫见状,也就不再害怕了。当晚就在熊洞里住下了。可是,谁知大雨竟然一连下了七天七夜。这期间大熊用许多甘果美水来供养樵夫。

七天后雨过天晴,大熊把樵夫带出洞窟,指示他回家的路。临别对他说:"你千万不要把我住的地方告诉别人,以免猎人找来。"樵夫回答说:"你放心,你救了我,你住的山洞我不会告诉别人!"

樵夫走出崎岖的山路不远,就碰到一个猎人。猎人问:"樵夫,你从哪里来?有没有看见野兽?"

"我看见一只大熊,但是他有恩于我,我不能告诉你大熊的住处。"

猎人说:"你是人类,它是野兽,应该人类相亲,为什么要去庇护一只熊呢?你应该告诉我它的住处,有了财利,我与你共分。"

樵夫动了贪念,就背弃了诺言,将大熊的住处告诉猎人。猎人闻言大喜,找到那个洞窟,猎杀了大熊。回来分了一些熊肉给樵夫。正当樵夫伸手要取熊肉时,忽然他的两个手臂无缘无故地断了。猎人见此情形,惊恐万分,连忙问道:"你有什么罪过,遭此报应?"

樵夫含泪哀号道:"这只熊待我如同慈父亲子,我今忘恩负义,出卖了它,这就是我的罪报!"

猎人闻说,也心生恐惧,不敢吃熊肉,便把它带到僧团,祈求佛陀开示。

佛陀告诉大家:"这只熊是菩萨,未来出世当得做佛!"

于是,大家就为熊建塔,把它供养起来。①

---

① 《佛教的动物》,中国社会科学出版社 2003 年版,第 222—223 页。

藏传佛教的马头明王,乃是
阿弥陀佛的教令转身

显现为兽形的佛教密宗
菩萨,拉卜楞寺壁画

大威德金刚化身为兽,拉卜楞寺壁画

元代护法金刚铜像，　　　释迦牟尼十二岁等身像，　　　释迦牟尼水晶像，明代，
西藏萨伽寺收藏　　　　　拉萨大昭寺藏　　　　　　　布达拉宫藏

这个熊菩萨故事可以看作对佛陀名叫"能仁"的恰当解说。它不光突出表达了佛教的普度众生和不杀生教义，还把众生平等、人兽无别的观念图解得淋漓尽致。我们在佛经故事中经常会看到此类佛菩萨化为某种动物来度化众生的情景。而大熊在猛兽的外表下包含着一种慈悲菩萨心肠，这就很生动地呼应了远古时期的熊图腾信仰观念。故事中受到度化和教诲的不只是直接得到大熊恩惠的樵夫，还有猎杀大熊的猎人。这样的写法就把人类几十万年来的狩猎杀生行为，放置在佛教生命观的重新反思之下，为中止人与熊之间的猎与被猎关系，发出了适时的告诫。其教训意义，也就不限于宗教的果报方面，而是提供一种超越人类中心主义价值观的超前智慧经验。

　　时过境迁，今日的国人恐怕极少有人还能够讲出熊菩萨的故事了。这种体现为野兽形象的价值寄托，发展到今天的世俗理想方面，就是以熊的近亲貔貅为代表的发财象征。这确是如今全面拥抱市场经济的社会中最受欢迎的新动物图腾。

柒 『熊节』解谜

19世纪末,有一位俄罗斯的人类学家名叫斯特忍堡,以研究库页岛少数民族而著称。他对这些当地游猎民族的调研成果,曾经引起恩格斯的兴趣。恩格斯亲自将其中的一篇翻译介绍给西方学界。如今学界,知道他的人已经不多。而他所调研的一个濒危民族——涅吉达尔人,如今就更没有多少人知道了。这里,就举出涅吉达尔人一年一度的"熊节"礼俗,作为我们考察欧亚大陆北方熊图腾神话源流的一个站点吧。

下面根据斯特忍堡的调查记录①,先了解熊节的情况,再尝试做出文化功能的解析与比较。

对于以狩猎维生的涅吉达尔人,熊并不是神,但他们却定期举行熊节庆祝活动,这究竟是为什么呢?

涅吉达尔人生活在黑龙江下游亨滚河一带,人口仅四百人,如今是俄罗斯国家的少数民族。可是一百多年前,他们还是中国的少数民族。清朝政府和沙皇俄国19世纪签订不平等条约,使他们连同大片的土地都被划归沙俄版图了。"涅吉达尔"这个族名,

狩猎人的先祖金牛山人,北京大学赛克勒博物馆藏

---

① 斯特忍堡:《涅吉达尔人》,见郭燕顺、孙运来编:《民族译文集》(第一辑),吉林省社会科学院苏联研究室1983年版,第198—215页。

是鄂温克人对他们的称呼。在中国文献中,这族人包括在"奇楞"部内。部落的宗教活动主要是春秋两季的祭祀山神、水神。此外,有准宗教性质的"熊节",像谜一样的神秘,却至今没有通盘的解释,不知其所以然。

熊节包括选狗、赛狗、杀熊、吃熊的一整套宴饮仪式。整个节日活动延续八天。第一天派出一个人去邀请客人,全部落要帮助供应吃喝。先开出一条一百俄丈长的跑道,发出由各家挑选出来的狗拉的雪橇。遇有瘦弱的狗则淘汰出去,驾上另外一只。次日和第三日,再各进行狗拉雪橇竞赛。最后选中三只狗。将这三只选中的最强壮的狗拴在一根绳子上放出,等到三只狗一齐跑来,赛狗就宣告结束。次日黄昏,将畜养的熊运来,让熊在举行熊节的地方待一夜。黎明,熊的主人引领部落成员聚集到熊旁。让一个异族人用弓箭将熊射死。然后分割熊肉。杀熊的禁忌是不得用斧头砍掉骨头。分得熊肉的成员要带回家去分享。熊头则通常在窝棚内煮熟,专门拿来招待客人。熊所剩下的骨头和头要收到一起,专门做个木架小心保存。吃熊宴期间,人们敲打着充作乐器的圆木,一片喜庆的气氛。另有一些禁忌是:女人不准吃熊的头、心和肝脏,小孩也不准吃头。

除了每年定期举行的熊节,如果平时有人在森林里打死了熊,也要举行一个小规模的熊节。报告者最后特意说明一句:熊不是神。

我们从上述描述中看到的熊节,无非是以社会集体性的吃熊为主的一套

汉代陶熊,哈尔滨师范大学文博馆藏

披熊皮的楚克奇萨满祭祀

仪式活动。所以,其实质就是秋季的熊宴,带有明确的仪式历法作用:提醒全民在意识上和物质上做好准备,即将进入以藏伏保暖为主的新季节。熊宴的信仰性质在于,让人类模拟冬眠之前吃得膘肥体壮的熊,能够在北方漫长的寒冬冰封季节到来前,象征性地获得一些熊的生命力能量。

这种象征性的饮食行为,如同基督徒在教堂里用红酒模拟基督的血,用面包代表基督的肉一样。分享者注重的不是吃与喝的物质内容和营养价值,而是在精神上与救世主相认同的巨大能量。从文化功能上看,熊节也很像我国内地农业社会举行的"吃秋膘"宴会礼俗。这三个汉字其实已经点明:这种在特殊的季节(秋季)举行全社会的仪式性吃喝活动,目的就是效法冬眠动物入洞前的秋季上膘——给自己的身体储存尽可能多的脂肪,以便度过漫漫冬季。

汉绿釉神熊灯台,摄于上海博物馆

对熊节的文化功能分析,还可以从熊节前期的赛狗活动得到验证。吃熊活动之前,为什么要举行延续好多天的赛狗活动呢?原来也是象征性地应对即将到来的寒冬。对狗的挑选和淘汰机制,强调一种明显的二元对立,即肥壮的与瘦弱的。后者不利于在严寒而缺少食物的冬季存活,所以人也必须效法大自然的优胜劣汰法则,强化自己越冬的能力,也就是可持续存活的能力。榜样的力量无穷,所以人生必须效法榜样。对于涅吉达尔人来说,神人之间是有本质区别的,人永远不能指望变成神。如果熊是神的话,他们也就无法效法了。所以,熊虽然不是神,却是生态榜样和可持续存活的楷模。在他们的心目里,熊没有膘

汉代青铜坐熊

缈虚幻的神圣性,却有着非常实惠的文化资本功能,可以帮助他们在艰苦的大自然环境中永续生存下去。

如此说,熊是这个仅有数百人口的涅吉达尔人实现他们的天人合一生存方式的中介者。

类似于吃秋膘的季节性宴饮礼仪,在上古农业社会也置换出不同的新形式,让农庄里常见的家畜来替换狩猎社会的熊。像《诗经·豳风·七月》,就是典型的农耕民族如何应对以藏伏保暖为主的寒冷冬季的生活智慧结晶。比照狩猎民族的熊节宴饮,我们对当今中学语文课堂上传授的《七月》,也一定会有新的体悟吧。

《七月》开篇所言"七月流火,九月授衣",讲的是从天象的大火星下移,来获得季节变冷的征兆,为度过即将来到的寒冬,必须准备御寒的衣物。而诗歌末尾七句,是全诗曲终奏雅的点睛之笔,居然呈现出一幅三千年前关中农耕社会吃秋膘的生动场景:

> 九月肃霜,
> 十月涤场。
> 朋酒斯飨,
> 曰杀羔羊。
> 跻彼公堂,
> 称彼兕觥,
> 万寿无疆。

与熊节相比,《诗经·豳风·七月》的作者,已经不靠狩猎对象动物的生活习性来判断季节转换了,改用了农耕社会非常注重的天象—星象变化。不过像"有鸣仓庚""五月鸣蜩""十月蟋蟀入我床下"一类诗句,还是非常明确地把农业社会常见的小动物当作物候来看的,也就是标示节气变化的一些自然符号。

象征祭祀权的金沙遗址大玉琮

用"杀羔羊"来替换杀熊,虽然在动物对象的生命能量象征方面,已经和狩猎部落不可同日而语,但这毕竟是农业生态中力所能及的常见家畜。"羔羊"突出的美食美味意义,也完全趋向于世俗化,替代了准宗教性的宴饮礼仪。不过"斯飨""公堂"和"兕觥"一类语词还多少暗示出社会性礼仪的性质和礼器的存在。也就是说,在"公堂"举行的特定季节性宴会,毕竟不同于一般的吃喝行为。其所负载着的文化功能,给农耕生活方式的夏收冬藏的季节循环周期,增加了主体人的良好祝愿。所谓"万寿无疆",如果不是局限在对个人的称颂上去理解,那还是对未来农业生活之可持续性的一种整体祈祝吧!就像在熊节宴饮中分享了熊肉的狩猎社会成员,希望来年春的狩猎丰收一样。

凸脊骨坐熊玉雕

捌 没有熊的国度

新西兰晨曦

熊图腾问鼎中原？

这一年的盛夏 8 月,我离开了被"桑拿天"挟持的京城,风尘仆仆地前往新西兰的奥塔古大学做为期一个月的讲学。授课的间隙,我也丝毫不敢懈怠对熊图腾文化研究进行新资料的搜集。

踏出国门前的一周,我在河南参加了一个有关中国神话的国际研讨会,相继在郑州、新郑、周口、泌阳、桐柏、南阳、开封等地考察。我留迹于诸如黄帝故里、太昊陵、女娲庙、盘古庙、盘古山等处,果然地如其名,我流连忘返地穿行于此间,在充满了中华神话传统的浓艳色彩中寻根。就熊图腾研究课题而言,收获最大的地方当属新郑的黄帝故里。不仅在那里不期而遇看到了今人对有熊国特色形象的理解和重新建构,而且还发现了以熊命名的村庄——熊庄。会后特别拜托一位郑州籍的博士生将实地考察的工作继续下去。河南一行,可以说基本让我寻找到了来自田野的活的熊图腾文化传承的蛛丝马迹。用我们的

新郑南面的西平县董桥遗址,是新石器时代文化遗存丰厚的地区,相传也是黄帝之妻嫘祖故里

会议成员考察新郑黄帝故里 　　　　　　　新修建的轩辕丘碑

董桥村82岁老人还　　　　黄帝嫘祖,至今仍然活在中原民间文化记忆里,
能够口述黄帝嫘祖故事　　　西平县演出的嫘祖颂

专业术语,把此种来自民间、民俗的活态文化化石,称为"第三重证据"(文献第一,考古文字材料第二)。它足以说明,新郑自古被视为有熊氏黄帝出生和活动的地方,并非空穴来风或者子虚乌有,而是从地名上和民间口碑方面得到某种印证的。我已征得该同学的同意,将熊庄考察报告作为附录,收在本书后,加以充实。

黄帝故里的熊造型令人印象深刻,随之而来的一系列疑问也挤满了我的脑海:一般而言,古人有狐死首丘的观念,出生地往往也是埋葬地。而为什么黄帝陵偏偏地处今天陕西的黄陵县,与黄帝出生地相距如此之远呢?此其一。其二,曾经驱熊罴大军作战的黄帝有熊氏,是否脱胎于我国北方狩猎民族的熊图腾文化呢?如果二者之间确有关联,那么又该如何解释位于中原大地的黄帝家乡传说呢?除了黄帝本人,新郑南面的西平县还传说

带翅的熊神立像，仿古铜塑　　　　殷墟妇好墓出土玉雕坐姿神熊（圆雕）

是他妻子嫘祖的故里，就是那位教人养蚕缫丝织布穿衣的圣母。莫非中原与北方塞外曾经在史前期密切关联着？这又是一种什么样的联系呢，族群的、血缘的？还是文化的、政治上的？其三，牛河梁崇拜熊的女神庙，新郑同样崇拜熊的熊庄居民，一个留下了五千年前的熊图腾实物——熊头骨和熊龙泥塑，另一个留下了世代相承的关于始祖黄帝熊图腾的口传文化记忆。将两者合起来是否能够给传世文献记载的黄帝有熊国之说以更加立体多重的证明呢？这种多重证据的再阐释，对于一直处在云里雾里的黄帝时代的传说中的历史真实，意味着怎样的重新理解和全盘观照呢？

在我飞往那个没有熊的南半球国度的二十多个小时里，伴随我左右的始终是这些图腾寻根的大小问题。直到回国以后再度去甘肃等地考察秦人文化源流踪迹，问题的解答才终于呼之欲出。

飞往没有熊的国度

8月24日,我搭乘新加坡航空公司的班机,自北京转道新加坡,飞往新西兰的基督城。这是我平生第二次来到南半球,所以虽然是从北半球的夏天进入南半球的冬天,却没有太多的新奇感。不过上一次是十六年前直飞澳大利亚的墨尔本,航路上耽搁的时间不多,南北半球之间的差异感非常强烈。不知为何中国和新西兰之间没有直航。

早就听说新加坡航空的服务质量举世无双。这次绕道给了我实际体验世界民航服务第一品牌的机会。果然名不虚传。无论是飞机上发的牙

新加坡酒吧窗景　　　　　　　　比宠物还乖的卡通熊

具包、袜子等小礼品,还是跪式服务,标准的双语,每次用餐前的菜单选择等,都是这一生坐飞机从来没有经历过的。更加让人感叹的是在新加坡机场转机时的服务,居然定时提供免费往返班车去市区游览参观。让所有中转的旅客能够充分利用等待的时间完成一次一日游或者半日游。这种"免费午餐"的美事,此前我是根本无法想象的。记得2000年自美国转道夏威夷回北京,有几个小时就是在东京的成田机场呆坐着,因为此类转机根本就不允许旅客走出机场。相比之下,新加坡航空的大度和儒雅,给全世

新加坡印度餐馆供奉甘尼沙神

界做出了表率,让那些空喊口号宣传标榜者们,看到真实的差距。在北京临行前,我打电话询问了在新加坡南洋理工大学读博的侄子,询问新加坡机场的情况,担心转机过程中的一个白天如何打发。他只告诉我新加坡机场如何空间巨大,衣食住玩乃至看电影、上网服务应有尽有,却也不知道让过境中转旅客无须签证也无须花费就得以入境观光的便利服务、无偿服务。就这样,在去往新西兰的半途中,我出乎意料地完成了对新加坡的一日游,领略到没有熊的国度对熊的"酷爱",那里的多元文化氛围,也对秉承儒家伦理关怀的世界第一航空服务品牌,有了眼见为实的真切体会。

在鱼尾狮塑像前留影　　　8月底初到奥塔古大学,领略从夏入冬的寒意

降临基督城的视觉感受

新西兰是位于南太平洋中的岛国,因为地理上与大陆环境隔绝,所以生物种类的分布也不同于大陆,像欧亚大陆和美洲大陆上都十分常见的大型哺乳动物,都不曾登上这里的海岛。可以说这是一个从来不曾有熊的国度。不过我在这个英语国家找到的有关熊的重要学术信息却非比寻常的丰富。这当然得益于我所逗留的奥塔古大学的图书馆。奥塔古大学位于南岛东海岸的但尼丁(Dunedin)小城。该校始建于18世纪,是新西兰最老牌的大学,由于创建但尼丁城市的主要移民来自苏格兰的爱丁堡,所以奥塔古大学也同英伦最老资格大学之一的爱丁堡大学关系密切。

在新西兰岛国上降临的第一站,是以西方宗教中死而复活的伟大象征耶稣基督而命名的——基督城(Christchurch)。飞机下降的时候,一边是蔚蓝色的大海,一边是巍峨起伏的连绵雪山,那苍莽宏阔的感觉,非常刺激,让人有如进入到一个美妙的神话世界。难怪超级史诗巨片《指环王》的导演和外景地都选在了这个奇特的国度。这里也是以探险精神而著称的库克船长故事流传的地方。

如我所料,在基督城机场随便转转,就遇到以影片《指环王》外景地为热销看点的图片。看来我真要好好领教一下这里野趣横生的自然风光。

从基督城转乘小飞机沿着海岸飞行约一小时,到达海滨城市但尼丁。奥塔古大学语言与文化学院的赵晓寰博士亲自来机场迎接。学校方面安排了市区小山冈上两室一厅的公寓,看着餐桌上的一篮水果和食品,真有宾至如归之感。我此次来访,是作为该校的"威廉·伊文思讲席教授",也是该校历史上第一位获得这一称号的亚洲学者。我的具体职责是要在四周时间里做五次英语讲座,题目分别是:

1. The Anthropological Perspective of Chinese Classics

2. Listening to the Analects: Oral Tradition and Confucius

3. Myth in China——The Case of Ancient Goddess Studies

4. Mythical Body: World Parent Type Creation Myth in China and its Visual Archetypes

5. The Bear Totem and the Origin of Bear Myths in Euro-Asia

这些讲座都是根据本人近年来的研究兴趣而拟订的，以神话学研究为主。最后一个熊图腾的题目也是今年以来做学术攻关的新重点。在内容准备上，都已经有了较丰富的图片资料，文字方面所需要下的功夫不太多。这样，我就在讲课之余有较充分的时间去走访博物馆、图书馆、书店以及大大小小的二手书店。根据以往出国访学的经验所预期的，二手书店和博物馆，往往是本人在异邦"田野作业"收获最大的地方。

但尼丁博物馆

另类玉文化

但尼丁博物馆,就坐落在大学校园里。馆内像一般的欧美博物馆那样,收藏有古希腊罗马和欧洲文艺复兴以来的文物,间或还有古埃及和近东的文物,因为这都被看作西方文化的源头。不过让人感受最新鲜的还是来自北美印第安人的熊图腾柱,还有体现本土岛屿原住民毛利人的文化遗物——图腾柱、文身、石器工具、木雕艺术、玉器-佩玉风俗、玉雕神像,有一些看上去和在中国考古发现的器物十分相似。这又是为什么呢?关于毛利人,按照新近的学术观点,属于南岛语族的一支。我国台湾的少数民族语言,也属于南岛语族。而整个南岛语族的来源,有学者提出是先从大

北美熊图腾柱　　但尼丁博物馆的古希腊罗马文物　　毛利祖神木雕,其文面习俗与海南黎族类似

毛利人用海豚牙制的项链 　　　　**南太平洋岛屿的文物**

陆迁徙到台湾,经过中国台湾、菲律宾而逐渐移居到太平洋地区海岛上的。操南岛语族的各个民族分布在从印度洋到南太平洋的广阔地区:北至夏威夷,东至复活节岛,南达新西兰,西至马达加斯加地区。学界对南岛语族起源有不同见解。其中影响很大的观点是由享有盛名的人类学家彼特·贝尔伍德(Peter Bellwood)提出,他从史前材料和语言形成方面认为:由于农业发展的原因,南岛民族从六千年前就开始在中国南部形成。根据他的观点,不断远航的南岛人最开始在台湾定居,然后散到东南亚岛屿,最后抵达大洋洲。

在5月的北大－哈佛神话学会议上,来自日本仙台东北大学的青年学者山田仁史(Hitoshi Yamada)就认为:如果彼特·贝尔伍德的这个假说能够成立,那么台湾被看作南岛民族从亚洲大陆扩散至太平洋岛屿的通道。实际上,语言学家们通过对台湾语的分析,普遍认为较之其他分支,台湾的南岛语具有更久远的语言学特征。因而,对台湾南岛文化和历史渊源的研究具有重大意义。当时听到山田仁史的英语发言就感

毛利木雕神像 　　　　**毛利文身艺术**

毛利人玉雕神像　　　　　　　毛利人的玉石工具

到十分有兴趣。没想到几个月后我就有了到南太平洋岛屿考察南岛语族毛利人文化实物的机会。尤其这些晶莹润泽的玉器，更让我浮想联翩。

众所周知，新西兰是世界上除了我们中国和南美洲个别地区之外，第三个曾经保留下古老的玉文化传统的地方。新西兰南岛的西海岸地区，有着丰富的玉矿储备。这里出产碧绿色的半透明状玉石，和我四个月前在赤峰学院历史系徐子峰教授桌上看到的那块玉石料的颜色差不多。而加工打磨之后的玉器，颜色可近乎墨绿，相当于我们中国玉学界所赞美的新疆玛纳斯碧玉。博物馆里毛利人祖先创造出的玉器，有装饰品、神像等。这种制玉传统是否和其族源一样，同大陆的史前文化相关呢？如果说南岛语族的祖源来自五六千年前的亚洲大陆，那么分别位于东海之滨的河姆渡－良渚文化、距渤海湾不远的红山文化，不都是那个时期里以辉煌灿烂的玉文化为突出特色的吗？看来，世界三大洲的玉文化之间，可以找到文化传播的路线和联系。日本教授安田喜宪编的《龙的文明史》，就大胆提出红山玉文化的史前传播论命题：红山文化衰落之后，红山人分为两支，一支东渡渤海来到日本，影响了日本的史前玉（翡翠）文化；另一支南下到达长江下游地区，催生了良渚文化。

这样的假说虽然还有待于充实证据，毕竟能够激发探索者的想象，突破某些人为设置的

牛河梁出土红山文化玉箍

但尼丁火车站

藩篱屏障,将看上去风马牛不相及的实物,重新联系起来。

  毛利人的玉雕文化传统,如今在新西兰岛国不仅得到发扬光大,而且成为旅游观光纪念品方面的一大产业。在但尼丁火车站旁,就有当代玉器作坊的展销店,琳琅满目的挂件和装饰品,非常吸引外国游人。但愿其玉矿产地的储量,不要像我们的新疆和田玉那样,历经数千年的开采而面临枯竭吧。

关于熊的若干发现

我在图书馆和书店之间穿梭阅读,开卷有益式的浏览不负有心人,得到有关熊的如下一些重要见解,足以将我的研究提升到更加宏大的视野中。

第一,人与熊之间的生态依存关系,在进化史上曾经扮演重要作用。

作者住的伦敦街

这是从一部非常专门的研究著作中获悉的。一位名叫罗伯特·加吉特(Robert H. Gargett)的学者在十年前出版一部书《洞熊与现代人类起源》(*Cave Bears and Modern Human Origins*)。加吉特所调研的是捷克共和国境内一处名叫波德·拉丹的山洞,那里有关于洞熊遗迹的惊人发现。洞熊,其拉丁学名叫 Ursus spelaeus,是大棕熊的姐妹种,其骨骼化石在整个欧洲都有发现:西起西班牙,东到西伯利亚,北起英格兰,南到意大利和希腊。最早的洞熊化石是大约三十万年以前的,这个年代和我们在辽宁的金牛山人遗址出土的熊骨相去不远。

加吉特的研究表明,洞熊为了适应欧洲漫长的冬季,养成了一年一度按期冬眠的习性。冬眠期可以拉长到六个月,这期间洞熊通常都不离开它们所栖身的洞穴。这就使得在冬眠期死亡的熊骨骼大量累积下来,乃至出现让人惊讶的庞大数量。比如在奥地利的米克尼兹(Mixnitz)附

洞穴中堆满熊骨的场景耐人寻味

近的洞穴群中,有五万个洞熊个体的骨骼遗留下来。这样的数量给研究者提供了统计分析的极好机会。对加吉特来说,最值得注意的是洞熊遗骨在洞穴内的摆放明显表现出某种空间分布意识。这对于没有文化传统的大型哺乳动物而言,是非常耐人寻味的发现。因为对熊骨的这样一种空间分布肯定会激发史前人类的认知行为。旧石器时代后期的狩猎人群肯定熟悉这些冬眠之熊的季节习性,从中引发出时间和空间的特殊认识。加吉特据此认为他的这项研究丰富了现代直立人起源的考古学材料。

还有一部研究尼安德特人的名著《尼安德特人》,也对史前的人熊生存关系提供了非常直观的说明:根据猎人们居住的洞穴中所遗留的兽骨之分类比例,来看当时猎人与动物的关系。一张图表非常清晰地显现出:熊是所有与人直接发生关联动物中占据首屈一指位置的一种,而且所占比重也具有压倒性的优势,达到百分之八十以上。由此可见,我们要在人与大型哺乳动物相互作用的漫长历史中找出一种对狩猎者来说最重要又最熟悉的动物,那就非熊莫属!

难怪在史前宗教和图腾崇拜的起源阶段,熊罴一类会扮演如此至关重要的角色呢。熊,这个能够两足站立并且直立行走的唯一猛兽,曾经在很长的时间里充当着神灵的化身,尤其是母神的化身。农业社会兴起之初,人们并没有丧失对熊图腾的深远文化记忆,只是随着狩猎生活的日渐远去,后来的人们逐渐淡化了对熊的神圣感,几十万年的人熊关系经验也就

随之灰飞烟灭。笨熊、熊样子一类蔑称也就随着农业社会应运而生,成了我们今天熟悉的语汇。在人云亦云的大众语境中,其遮蔽作用也就可想而知。

第二,熊崇拜的史前信仰之根是如何深厚,催生出人类最初艺术创造冲动。

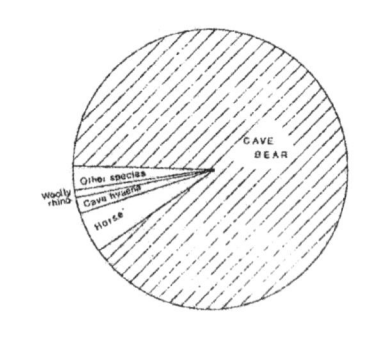

史前人类与熊的关系不只是猎人与狩猎对象的关系,其中还折射着人与自然的关系。数十万年打交道的历史,终于在旧石器时代后期,激发出对熊的艺术造型。

人不再满足于面对现实的熊,还要造出自己心目中的圣熊形象。这是在图书馆读到法国艺术史家让·克罗泰(Jean Clottes)的图文并茂大书《重返绍维洞穴》(*Return to Chauvet Cave*),给我留下的启示。此书副标题为"发掘艺术的诞生地,第一次完整报告"。显然,作者把法国南部的这个三万年前的洞穴文化遗址,确认为人类最古老的绘画艺术的起源地。这本 2003 年问世的书也为我们了解人类艺术中动物主题的发生,提供了最新的考古见证。

尼安德特人洞穴中洞熊骨与其他动物骨的比例图

两足猛兽?尼安德特人时代的洞熊骨架

绍维洞穴艺术的神秘之处,来自两个并列的事实:洞口绘制了一前一后两只熊的素描,让所有进洞的人先遭遇神熊的迎接礼。洞中的深处专门设计摆放巨熊头骨的石祭坛,再一次突出表达当时人们心中熊的神圣性质。洞穴的精彩壁画中,还有狮子、野牛等大型动物。其琳琅满目的视觉效果,好像展现的是一座三万年前的动物神庙。恐怕今人不论怎样想象,都难以真切地再现当年的猎人们在这里作画和祈祷膜拜的场景吧。

双熊把门的绍维洞穴,实在留下了太多太多的遐想空间。

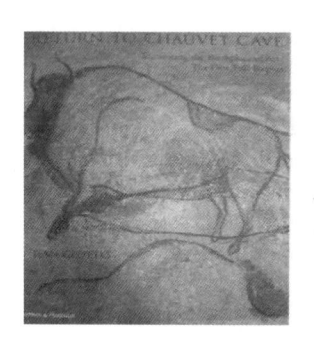

《重返绍维洞穴》封面　　摆在石祭坛上的巨熊头骨　　绍维洞穴中堆积的熊骨

第三,古老的熊图腾崇拜及仪式行为,对世界文学的贡献也具有根本的性质。

原来读俄罗斯著名的神话学家梅列金斯基的《英雄史诗的起源》,曾看到他介绍的如下一种惊人观点:古希腊的荷马史诗起源于熊图腾祭祀仪式。"如果说史·奥特朗在自己的理论著作中从整体上论证了希腊史诗源于宗教仪式,那么其他几位新神话派信徒则指出史诗中的一些人物及情节直接取自宗教仪式。例如,米罗在分析希腊英雄的偶像之后得出结论,称阿喀琉斯和奥德赛就是那些死而复生的神灵,或者是希腊水手中的圣者,而与这些人物有关的故事情节恰恰是人们在春天举行的庆祝通航仪式的写照。斯盖尔别特勒则认为《奥德赛》的基本故事情节源于祭祀睡熊的仪式。此类例子可谓不胜枚举。"

至于荷马的《奥德赛》究竟是怎样和熊图腾仪式发生关联的,梅列金斯基没有展开详述,我也无从得知。只是了解到有一位美国批评家赖斯·卡彭特(Rhys Carpenter),在半个多世纪以前出过一部书《荷马史诗中的民间故事、小说和传奇》(加州大学出版社1946年版),专门研究这个问题。可惜在国内找不到这部书。卡彭特连同他的大著至今还不为我国学界所知。西方文学的开端之作《荷马史诗》如

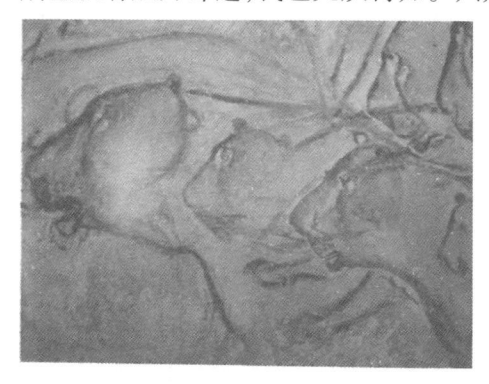

三狮图,绍维洞穴的彩绘壁画

绍维洞穴中的兽骨

何受到熊图腾神话的影响,当然也不为我国的外国文学研究者和大学教授们关注。我在奥塔古大学图书馆的检索目录中找到了此书。但是由于年久无人问津,被放在馆外的一个备用书库里,规定只能内阅,不得外借。我辗转找到这个书库,一口气从早上读到下午,读完了才发现一天没吃饭,肚子饿得呱呱叫,心里却翻腾着兴奋和联想。书中有两专章多的篇幅将《奥德赛》的起源追溯到欧洲古老的熊图腾崇拜及仪式活动。这应该说是文学研究界运用图腾批评的一个典范。

卡彭特的基本依据就是:奥德修斯的祖父阿尔克西奥斯(Arkeisios)是母熊生下的熊子。和朝鲜熊图腾神话讲述的檀君诞生一样,阿尔克西奥斯有着神熊遗传的血统。围绕着男主人公的叙事通常讲到他的离家出走和消失,经过一段时间后又回到家园。《奥德赛》就反映了这个叙述模式。其原型就在于熊的冬眠(消失)与复出。阿尔克西奥斯的父亲刻法罗斯离家出走八年,乔装外乡人归来考验妻子是否忠贞的神话情节,和奥德修斯离家二十年,乔装乞

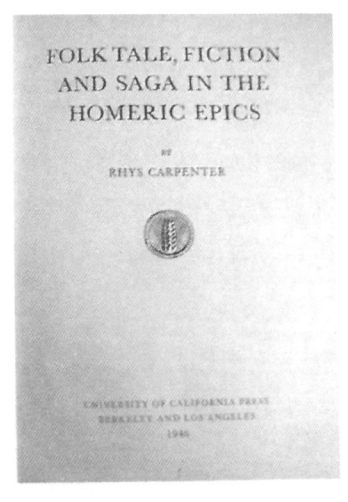

终于读到卡彭特的《荷马史诗中的民间故事、小说和传奇》

但尼丁街头，库克船长旅行社　　　　　　　中欧出土新石器时代熊形灯台

丐归来考验妻子佩奈罗佩的情节如出一辙。包括英国史诗《贝奥武甫》在内的一大批作品,也是遵循同样的原型模式。据德国学者潘泽尔(F. Panzer)考证,《贝奥武甫》的情节来源于一个流传极广的民间故事,题目可叫作"熊之子"。在欧亚大陆各民族间流传的"熊之子"故事覆盖了二十多种语言,滋生出二三百个变体故事。我在本书中分析的《太平广记》的化熊小说,看来也是同一原型的产物。

荷马啊荷马,为什么你讲唱史诗时不特意说明一下主人公的熊族血统呢,害得两千多年后的学者费尽心思,才得以重构出这条被世人遗忘的线索。

我在9月底离开新西兰之前,到风景如画的女王镇去度假,到半岛看海洋动物,总算弄明白了一些问题。比如说,为什么新西兰的风光适合拍摄《指环王》这样的视觉盛宴般的大片？但是仍有不少疑问没有解答。比如,为什么这个国度没有熊？为什么这里的消防队标记符号用西方之龙的形象？难道西方龙就代表火神？

就连离境前再度到基督城转机时还纳闷：为什么这个城市会取"基督"这样神圣的名字？死而复生的终极原型,究竟是人呢,还是熊？

毛利人的文面俑

玖 秦人崇拜熊吗?
——中原通古斯人假说与秦文化源流

陇南访古与"熊"邂逅

我永远无法忘怀第一次参观陕西临潼秦始皇陵地下军阵的时候所体验到的激动之情,那千军万马面向东方的宏大阵势,给人的印象,正如李白诗所言:"秦王扫六合,虎视何雄哉!"东方,是秦军挥师前进的方向,"挥剑决浮云,诸侯尽西来"。

然而那时我还年轻,连想都没有想过,奠定了中国大一统国家基础的

秦始皇陵一号坑战车前的铠甲武士

秦人是戎狄？秦始皇陵二号坑骑兵俑

秦,在历史上一度被视为与中国相对的戎狄。很久以后,我在古书里爬梳剔抉,才渐渐了解到,只是因为有了尊王的功绩——秦先祖非子为周孝王养马有功,周孝王封非子为附庸——才使得秦人为正统的西周所接纳,"邑之秦,使复续嬴氏祀,号曰秦嬴"。我所仰慕的一批前辈学人,如古史学界的王国维、蒙文通,考古学界的俞伟超等,均据此主张秦人出于西方戎狄说。但是,还有一种与此针锋相对的观点,认为秦人出于东夷。其主要理由在于,鸟图腾是东夷文化的普遍特征,流传至今的秦人神话将其始祖的诞生追溯到女脩吞玄鸟卵,所以秦人也应该被看成是发源于东夷的一个族群——如果此言属实,那么秦始皇陵地下军阵所体现的那种直指正东的方向意识,或许也包含了文化归根和"狐死必首丘"的内涵。可惜的是,大秦帝国转眼间灰飞烟灭,没有来得及留下更多的足以指示其族源方向的线索。这使我长期在"秦人出于西方戎狄说"和"秦人出于东夷说"之间踌躇彷徨,无从取舍。

再后来,随着眼界日趋宽阔,对现代以来的几代学者关于秦人的族源问题的梳理有了更多的了解,再对多种线索和假说凝神苦思,通盘考虑,尤其是对新发现的秦先公大墓出土文物做了一番认真仔细的推敲,终于找到了豁然开朗的感觉。

我认识上的这个转机不是来自几十年的书本生活,而是直接得益于在甘肃对秦文化的实地考察。2006年10月底,我在兰州的西北民族大学开完文学人类学研究的第三次年会,留在兰州大学讲课。兰大文学院照例安排了一次下乡的田野考察,为的是学科专业改革,发掘本土的文化资源。2005年去的是甘南安多藏区和莲花山花儿会,这一次去的是陇南地区,包括天水以南的成县、西和县、礼县,回程路经甘谷、武山、陇西、临洮等县。同行的是兰州大学民俗学、人类学家武文教授和张进副教授。别克轿车司机是去年就曾带我们去莲花山的温军先生。

礼县县城

我们去西和县、礼县的原因是寻找一部在民间传唱的"伏羲歌",武文教授多年前从一位地方文化馆干部那里听说的。我们觉得从天水地区的伏羲文化背景看,也许可能找到中华文学源头失落已久的"伏羲史诗"。带着这样的殷切期待,此行也就始终充满悬念。

熊北的生态

由于时过境迁,在两县之间没有找到武文教授记忆中的那位文化馆干部,伏羲歌也就无从发现。好像是作为补偿,我们几次不期而遇地见到历史遗留下来的熊文化踪迹。先是自天水至成县的旅途上,盘山公路间看到有"熊"的地名——熊北,那是一个山间小镇。莫非这里曾经是熊罴类动物出没的地区?看随身带的《甘肃交通图》,在成县和陇南市之间还有地名"熊池"。从上古地名中通常可见图腾崇拜痕迹的道理看,这些带有熊字的名称不会是空穴来风。天水及其南部这一带是全国范围内伏羲崇拜最流行的地区。看来伏羲号黄熊与黄帝号有熊一样,不会是毫无根据的传闻,或许其中有远古熊图腾文化的遗留迹象吧。

二十年前我在陕西师范大学的一个学生王合义,陕西合阳人,现在在兰州一所中专负责招生工作,由于多年在各县跑招生,对下面的情况非常熟悉,特意告诉我西和至礼县的路上,有一个叫长道镇的地方,镇上开了一家古玩店,值得关注。司机师傅温军的细心,果然帮我们找到那个小镇道边的小店——名称还挺雅致的,叫"集雅斋"。店内陈设的古董,以当地的各种造型的古陶器为主,马家窑时代的彩陶典型器在这里不多,多的是各个时期的素陶。我的目光从货架移到地面,居然地上散放的器物中有一个熊形灯台,汉绿釉的,典型的西汉陶器,灯座的底部稍微有些残破。店主先生不在,老板娘开价一千五百元。几经讨价,武文教授私下和她达成妥协,七百元成交。走出门来,大家内心的欢喜已经溢于言表。

这件绿釉熊灯台,和我日前在兰州市博物馆看到的一件类似,颜色上

集雅斋店内陈设的文物以陶器为主　　在集雅斋地上发现的西汉绿釉熊形灯台

更绿一些。这似乎是个预兆,我们会不会在前方礼县境内遇到秦人先祖时代留下的珍贵文物中熊的身影?别克车转了一个山梁,来到大堡子山秦先公墓地和巨型山顶建筑遗址发掘现场。由甘肃省博物馆的王辉先生与北京大学考古系的赵化成先生率领的发掘队正在紧张地工作。我们说明了身份,就这里的发掘情况咨询了半个时辰。王辉先生竭力推荐我们去参观礼县博物馆。因为大堡子山已经出土的大部分文物都藏在该馆。

西和县博物馆藏史前陶器

礼县大堡子山秦礼仪性建筑发掘现场

第二天由礼县的一位退休老干部带我们找到礼县博物馆馆长的家,由这位专家亲自带我们参观该馆重要出土器物。果然看到与熊有关的重要的文物,那就是下文要作为证据举出来的,这里先从略。

驱车离开礼县县城的那天,通过打听,找到在城关的一位民间收藏家温军,新疆人,也是甘肃省收藏协会的会员。我有幸在他的"雨沛轩"又买到一个汉绿釉的熊头形器盖。由于是不全的器物,只要了几百元就搞定。

王辉队长在大堡子山发掘工地 　　　　武文教授与馆长合影

嬴秦先公墓出土铜鼎

这样，我们的礼县之行收获颇丰。回程途经甘谷和定西时，武文教授买到泥塑弥勒佛像一尊，张进博士和我找到几件齐家文化玉器。这一次陇南之行对我的熊图腾研究提供了书本上根本得不到的实物和信息，直接促成了以下对秦人文化源流的新看法。

嬴姓的文化符号寻根

我赞同祝中熹等学者的看法,应该把"秦"称为"嬴秦"才对。因为所谓的"秦"人,是周孝王封非子于秦地以后,从地名推演为族名的,在非子受封的同时获得赐号"秦嬴"。而在受封之前,并没有"秦"这个国族称号。《史记》记载非子受封事件时,倒没有忘记补充一句"复续嬴氏祀",由此可证明这一族本来的姓氏就是"嬴"。今天,在十几亿中国人里,"嬴"这个姓已经属于凤毛麟角。但它的由来其实非常古老,是舜时代的赐姓。也就是说,嬴姓族群早在夏代以前就在中原一带活跃和繁衍。

在传世文献以外,"嬴"在西周以来的铜器铭文上也是一个在姓和名中都出现过的常

商代马车饰件——熊

见字。如西周早期的嬴霝德鼎、庚嬴鼎、庚嬴卣、嬴季尊、嬴季簋,西周中期的嬴氏鼎、嬴德簋、季嬴霝德盘、嬴季卣;西周晚期的楚嬴盘;春秋的铸叔作嬴氏鼎、铸叔作嬴氏簋、子季嬴青簋、子叔嬴内君盆、楚嬴匜、樊夫人龙嬴

金文中的"嬴"　　　　　　　　金文中的"能"

壶、樊夫人龙嬴匜、樊夫人龙嬴鬲等。从大批来自王室贵族的礼器名称看，"嬴"字中隐约透露着某种异常尊贵的符号背景，绝不是一个寻常的汉字。《史记·秦本纪》说夏代时，嬴姓一族"子孙或在中国，或在夷狄"。殷商时，"自太戊以下，中衍之后，遂世有功，以佐殷国，故嬴姓多显，遂为诸侯"。可知嬴姓族群在夏商周三代虽然不无"在夷狄"的杂处嫌疑，毕竟还是声名显赫的大姓显族，而且和三代的王权正统都发生过"有功"或"附庸"的关联。

七十年前，古史学家卫聚贤得出了一个惊人的观点："嬴"与"熊"有密切关联，甚至就是同一个字的两种写法。他在1937年出版的《古史研究》第三集(上海商务印书馆)中引用了如下文献证据：《公羊传》宣八年"葬我小君顷熊"，《解诂》云："熊氏，楚女。"《左传》作"敬嬴"。由此证明"熊""嬴"两字可以互换使用。他的推论是，熊姓的楚国，与嬴姓的秦国和赵国，都曾经是熊图腾的国度。①

---

① 卫聚贤：《古史研究》(影印版)，上海文艺出版社1990年版，第58页。

其实,从金文中"嬴"与"能"(熊)两个字的写法看:"嬴"字,基本上是"能"字加上一个表示"女"的偏旁,或者说是"能"字与"女"字的组合变体。这很自然地启发人们去推测,这种组合莫非是要揭示这一族系的母系来源,抑或是要暗示和朝鲜神话、鄂温克神话一样的熊母生人信息?李江浙《秦人起源范县说》认为:《春秋》宣公八年所载"夫人嬴氏",《公羊传》《谷梁传》都作"夫人熊氏"。又载"葬我小君敬嬴",二《传》均作"顷熊"。可见"熊"与"嬴"古时互通。他所引用的这两个文献证据,前一个是卫聚贤没有用到的。他还试图从"嬴"字的结构分析其与"熊"字相通的原因,似比卫聚贤略进一步:

嬴字除去正中部分的"亯"字是皋陶、大费族人崇拜的玄鸟的正面立体偶像外,剩余部分则是一个侧写的"能"即"熊"的单体象形;熊与嬴的互

兰州黄河公园的龙字书法碑

通即根源于此。同时也是大费及其族人崇拜"熊"图腾的历史遗迹。①

从"嬴""能""熊"三字的同义词关系看,金文中屡见不鲜的樊夫人之名"龙嬴",也就相当于"龙熊",这不就对应了红山文化以来的"熊龙"吗?

卫聚贤先生是接受西方图腾理论并将其应用于中国古史研究的先驱之一,也是他率先认定秦与楚、赵皆为熊图腾后裔。但这一观点在当时除了文字学的单一证据之外,缺乏其他方面的整合考虑,所以略嫌粗疏和武断,和他的殷商起源于西南说等新奇观点一样,非但没有被主流学界接纳,甚至几乎被人淡忘。李江浙考证秦人发源地在河南范县,却不了解卫聚贤早有高见:范氏之祖为熊。

卫聚贤《古史研究》引《史记·赵世家》赵简子语:"夫熊与罴,皆其祖也。"正义:"范氏、中行氏祖也。"卫氏的断语是:是以范氏之祖为熊,中行氏之祖为罴。② 这就将秦、赵、楚三国以熊罴类猛兽为图腾先祖的认识又扩大到了晋国。而他所引证的这些材料也表明,在司马迁的时代,人们还清楚地知道战国七雄中居然有半数以上都有熊图腾的背景。至于秦人在文化和人种上的渊源问题,限于当时条件,卫聚贤先生还不可能做深入的探究。

山西晋侯墓出土西周玉雕坐熊

---

① 礼县秦西垂文化研究会、礼县博物馆编:《秦西垂文化论集》,文物出版社2005年版,第138页。
② 卫聚贤:《古史研究》(影印版),上海文艺出版社1990年版,第58页。

嬴秦与熊图腾的考古新证

一位朋友读了我上面写到的文字之后笑了：

"舒宪啊，你似乎还只是停留在前辈学人的汉字结构分析上啊，未免太文字游戏了吧？"

我回答说：

"且慢下结论，我可不是只停留在文字上，在文字以外，还有很多来自人类学与考古学领域的文化符号线索。例如在新近出土的秦人先祖的文化遗存中，便不乏熊造型的文物身影，这可是对文字考证的切实旁证啊。"

晋侯墓铜器——熊链

在甘肃礼县永兴乡赵坪村圆顶山嬴秦公贵族墓出土的青铜器造型中，有两件文物：

第一个是 M2 出土的"兽流扁体盉"（又称"蟠螭纹扁圆盉"），现存礼县博物馆。通高 32 厘米，长 35 厘米。器身由四只蹲坐熊形足支起，坐熊

玄鸟、熊、虎共存的礼器,礼县秦墓出土兽流扁体盉(局部)

M2 出土兽流扁体盉 　　　　　　M1 出土四轮车形器

上方还顶着虎。器嘴和把手被铸造为兽形（仔细辨析可看出熊龙形象），器盖顶有一大四小五只（玄）鸟形象，而将器盖和把手相连接的，是前虎后熊的形象（有解释为熊虎交媾象征）。

第二个是 M1 出土的四轮车形器，现存礼县博物馆，表现出熊神端坐在铜车中央的形象。该器形制特别，不同于常见的随葬礼器。通高8.8厘米，长11.1厘米，宽7.5厘米。车轮直径4厘米。车身长方形，车上四角各有一只立鸟，分别朝向四方。车身四边角各有虎，呈向上攀爬状。车身顶为能够打开的两扇盖，车前部有一坐人，似为驾车的御者，驾车人身后的主人位置上，是一只熊，呈现为端坐姿势，张耳昂首，十分尊贵、威武。其端坐如人的姿势，很容易使人联想起在殷墟妇好墓出土的六件玉熊、石熊。

安阳出土商代大理石熊，　　　　安阳殷墟王陵出土商代
台北"中央研究院"藏　　　　　　大理石雕鸮熊（俗称鸟嘴兽）

东汉熊足乘舆斛　　　　　　　西汉熊足镏金铜尊

这两个秦国早期动物造型表明,熊不是作为一般的动物形装饰而出现在青铜礼器上的,其尊贵的身份非神明莫属。熊与虎、玄鸟共同出现,可推知嬴秦族信奉的神话动物虽有多样性,但以熊、虎和玄鸟为主。这两座大墓(M1与M2)相距仅十米,M2是圆顶山四座大墓中规格最高的,在二层台上有殉人七人,墓中出土青铜礼器达到五鼎六簋,据发掘者推测已有二鼎被盗,所以原来应是七鼎六簋,级别非常可观,绝非等闲之辈的平民墓葬可以相比。至于以蹲坐熊形来塑造青铜礼器的器足这一造型传统,从殷商、西周时代一直延续下来,在汉代文物中亦大量出现。现在有了秦先公墓出土的实物"兽流扁体盉"等,熊足器物从三代到汉代之间的承续和中介,也就更加确凿完整了。

一旦从实物图像证据上确认了嬴秦一族对熊的崇拜,再回过来看"嬴"字的符号密码底蕴,以及嬴秦族与黄帝族有熊氏的血缘关联,真可以说是豁然贯通。

嬴秦族人既奉玄鸟为图腾,又奉熊为图腾,两者关系如何呢?以新发现的秦贵族墓中的四轮铜车为例,该铜车不妨理解为一种祖灵车或者图腾灵车,相似的文物造型,曾经在1989年山西闻喜县春秋时期晋墓中出土过一件。不同的是,晋墓出土的车上只有鸟和人,没有熊;而在秦墓四轮车形器上,鸟与熊的形象同时出现,从这两种动物的数量关系和空间位置关系看,好像不是简单的并列,不是平起平坐的关系,而是有主次之分,即中央与四方之分。这种情况非常类似于五方帝系统中的位于中央的黄帝与四

山西闻喜晋墓出土青铜挽车　　　　　　**母熊陶偶像**

方之帝的关系。一个猛兽与四鸟的组合图形,也很容易令人联想起《山海经》中多次出现的"使四鸟:虎豹熊罴"的叙事模式。究竟应该把虎豹熊罴视为"四鸟"(《山海经》郝懿行注:而言使四鸟者,鸟兽通名耳),还是理解为能够驱使四鸟的神明主体呢(如同黄帝四面神话)?这就牵涉到如下两个问题:对殷商人和秦人共有的玄鸟图腾与熊图腾之关系如何理解?而殷商人与秦、楚、赵的熊图腾,是否又和夏代的鲧、禹、启化熊神话一脉相承,共同来自黄帝族的熊图腾?

　　对于第一个问题,李江浙说:"黄帝族人崇拜熊图腾,族姓为姬,大费族人虽然崇拜鸟图腾,族姓为嬴,却也是熊图腾的崇拜者。宋代邓名世《古今姓氏书辨证》卷六载秦人族姓为'姬',也与此种事实相合。"[①]李氏对姬姓的认识,采取孙作云先生的观点:考证"姬"字为周人熊图腾信仰中的大熊足印。不过孙氏的这个考证,一直以来争议较大,赞同者有之,反驳者亦有之,似乎还不能落实。如有进一步的证据,把周人姬姓与熊图腾联系起来,则自黄帝以下,夏商周与秦楚赵等,几乎就要呈现为"五湖四海一片熊"的图腾传统了。这其实也就等于解答了第二个问题。

---

① 礼县秦西垂文化研究会、礼县博物馆编:《秦西垂文化论集》,文物出版社2005年版,第139页。

发现"熊鸟"

在出土的殷商玉器中可以看到一类鸟兽合体的奇特造型,潜藏着鸟图腾与熊图腾相互统一的信息,耐人寻味。

例一是殷墟妇好墓出土的熊龙玄鸟联体玉佩①。在这个组合形的禽兽合体造型中,隐约可以窥测到后代龙凤呈祥一类造型的滥觞。它说明在鸟图腾与熊图腾之间并不存在不可逾越的鸿沟。神话的想象足以让不同类的事物变成同类。

例二是妇好墓出土的"石怪鸟"②,其实可以看成变体的坐熊:鸟头坐熊,呈现出鸟熊人合一的形象,背后显然存在相应的神话观念。

例三是安阳殷墟出土的大理石雕鸮熊形象。

例四是类似的粗壮身体的玉鸮形象。这些因为不易看懂而俗称怪鸟的形象,或可以从猛禽与

商代熊龙玄鸟连体玉佩,殷墟妇妇墓出土

---

① 《殷墟妇好墓》,文物出版社1980年版,第158页图八三。
② 《殷墟妇好墓》,文物出版社1980年版,第203页图一〇一。

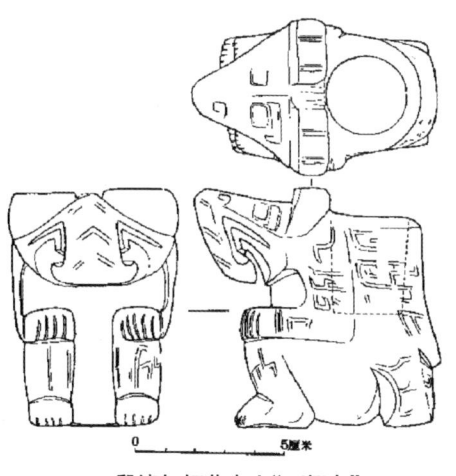

殷墟妇好墓出土"石怪鸟" "石怪鸟"：殷墟妇好墓
线描图，其实为鸮熊合体 出土鸟头熊身像

格里芬－斯芬克斯，维也纳街灯座  《意大利皇家家具》封面的格里芬木雕

商代玉熊与鸮熊，摄于国家博物馆玉器馆　　战国熊踏凤铜屏风座

猛兽合体的神幻思维去理解，如同西方神话动物"格里芬"。格里芬就是上身为鹰，下身为狮子的禽兽合体形象。

"熊鸟"形象的看法更明确地指向先民图腾说。尽管这样的解说略嫌简单了一点，但舍此难有更加合适的答案。

在古埃及和西方的神话传统中，鹰头狮身合体造型可谓源远流长。这种将天空之王"鹰"与陆地百兽之王"狮子"组成的神话形象名叫"格里芬"（Griffin）。《哈利·波特》的小主人公们求学的"格莱芬多"学院，其名称就来源于此种神话动物。不过古代东亚没有狮子，倒是熊和虎一直充当着这片土地上的百兽之王。汉代雕塑造型中常见的"飞熊"，显然可以追溯到殷商时代的熊鸟信仰。区别在于，原来的猛兽加猛禽的二合一形象，变成了单一的神兽形象，猛禽的原型蜕变成熊身体上的一对翅膀。无论是熊鸟，还是飞熊，都是充分具有中国本土特色的"格里芬"。如果有人想要创作中国文化背景的哈利·波特神话，不妨取用这个神话形象做魔法学校的标记。

司马迁所记秦神话与历史

早在上大学的时候,我就被如下问题深深吸引:从远古到上古时期的中国多民族文化是如何形成和发展的?我很快就发现,通往答案的道路充满了歧途,因为问题过于复杂,涉及多方面的专业知识。20世纪初叶,在唯西人马首是瞻的风习之下,"中国文化西来说"的偏激观点也曾经风行一时,许多威望素著的博学通人也难免盲从。后来随着考古发掘的逐渐展开,这一观点的偏颇才因充分的事实材料而暴露无遗。事实上,只有在专业考古学的大批发现积累到相当程度之后,从远古到上古时期的中国多民族文化源流问题才有可能水落石出。

从西戎到胡人,唐代胡人玉雕

在阅读与思考的过程中,我越来越清晰地意识到,不能用近现代定居文化的观点和多民族分居格局去看待上古时期的人种和文化分布。那时的人口流动和迁徙要更加频繁,人口成分也更加错综复杂。所以殷商时代的中原地区人口,呈现出相当复杂多源的状况,远不像现在这样以单一的汉民族为绝大多数(那时还没有形成汉民族)。后来西周的分封制,更加速了境内的东方与西方族群相互混杂融合的局面。举一个例子,春秋时期的鲁国,地域上毗邻东方沿海的东夷文化区,文化风貌上却和燕齐方士的仙幻世界相去甚远。原因就在于,鲁国是周人的分封国(以曲阜封周公子伯禽为鲁侯),其国民成分中固然遗留有殷商的后裔(奄国),但其主导的文化是来自秦陇一带的西周的礼乐制度。

大堡子山秦建筑遗址内的屈肢葬,2006年11月摄于发掘现场

这也说明了为什么孔子身为殷商的后代,却在文化上高度认同西周的礼法制度。而孔子以降的儒家学说的宗周倾向,也和鲁国的编年史《春秋》一样,是在西周王权中心意识形态支配下而产生的,难怪在历史叙事上要以尊卑礼数和尊王攘夷作为根本性的政治取向,并且给后世中国史书立下了百代相延的正统叙事。

和《春秋》的微言大义正统史观相比,司马迁《史记》的古史观有一个突出特点,那就是把西汉以前的整个历史叙述为华夏民族史。夏商周秦四代人的族群渊源,被归结到同祖同宗的完整谱系里,四代人皆以黄帝为共祖。这样的叙述背后,潜伏着一个与大讲夷夏之防的儒家正统意识形态截然不同的惊人判断,那就是夷夏同源。司马迁的一句话,给思考夷夏关联的当代学者朱学渊先生提供了极大的启示,这句话就是"匈奴,夏后氏苗裔也"。

下面是司马迁为秦人的族群文化传承提供最权威记载的《史记·秦本纪》前一部分,讲述了秦国在秦庄公之前的全部世系沿革情况,其中穿插着神话与历史:

甘肃莲花山远眺

秦之先,帝颛顼之苗裔孙曰女脩。女脩织,玄鸟陨卵,女脩吞之,生子大业。大业取少典之子,曰女华。女华生大费,与禹平水土。已成,帝锡玄圭。禹受曰:"非予能成,亦大费为辅。"帝舜曰:"咨尔费,赞禹功,其赐尔皂游。尔后嗣将大出。"乃妻之姚姓之玉女。大费拜受,佐舜调驯鸟兽,鸟兽多驯服,是为柏翳。舜赐姓嬴氏。

大费生子二人:一曰大廉,实鸟俗氏;二曰若木,实费氏。其玄孙曰费昌,子孙或在中国,或在夷狄。费昌当夏桀之时,去夏归商,为汤御,以败桀于鸣条。大廉玄孙曰孟戏、中衍,鸟身人言。帝太戊闻而卜之使御,吉,遂致使御而妻之。自太戊以下,中衍之后,遂世有功,以佐殷国,故嬴姓多显,遂为诸侯。

其玄孙曰中潏,在西戎,保西垂。生蜚廉。蜚廉生恶来。恶来有力,蜚廉善走,父子俱以材力事殷纣。周武王之伐纣,并杀恶来。是时蜚廉为纣石北方,还,无所报,为坛霍太山而报,得石棺,铭曰"帝令处父不与殷乱,赐尔石棺以华氏"。死,遂葬于霍太山。蜚廉复有子曰季胜。季胜生孟增。孟增幸于周成王,是为宅皋狼。皋狼生衡父,衡父生造父。造父以善御幸于周缪王,得骥、

礼县地貌在上古适宜养马

温骊、骅骝、騄耳之驷,西巡狩,乐而忘归。徐偃王作乱,造父为缪王御,长驱归周,一日千里以救乱。缪王以赵城封造父,造父族由此为赵氏。自蜚廉生季胜已下五世至造父,别居赵。赵衰其后也。恶来革者,蜚廉子也,蚤死。有子曰女防。女防生旁皋,旁皋生太几,太几生大骆,大骆生非子。以造父之宠,皆蒙赵城,姓赵氏。

非子居犬丘,好马及畜,善养息之。犬丘人言之周孝王,孝王召使主马于汧渭之间,马大蕃息。孝王欲以为大骆适嗣。申侯之女为大骆妻,生子成为适。申侯乃言孝王曰:"昔我先郦山之女,为戎胥轩妻,生中潏,以亲故归周,保西垂,西垂以其故和睦。今我复与大骆妻,生适子成。申骆重婚,西戎皆服,所以为王。王其图之。"于是孝王曰:"昔伯翳为舜主畜,畜多息,故有土,赐姓嬴。今其后世亦为朕息马,朕其分土为附庸。"邑之秦,使复续嬴氏祀,号曰秦嬴。亦不废申侯之女子为骆适者,以和西戎。

汉代玉翁仲,私人收藏

秦嬴生秦侯。秦侯立十年,卒。生公伯。公伯立三年,卒。生秦仲。

秦仲立三年,周厉王无道,诸侯或叛之。西戎反王室,灭犬丘大骆之族。周宣王即位,乃以秦仲为大夫,诛西戎。西戎杀秦仲。秦仲立二十三年,死于戎。有子五人,其长者曰庄公。周宣王乃召庄公昆弟五人,与兵七千人,使伐西戎,破之。于是复予秦仲后,及其先大骆地犬丘并有之,为西垂大夫。

以上记载突出了上古时代嬴秦一族与戎狄的关系,或者说是夹在华夏与戎狄之间的特殊文化身份。从先祖大费帮助大禹治水,到帮助舜调驯鸟兽,再到非子帮助周孝王养马,最后到秦仲帮助周宣王诛西戎,其叙事模式可谓一以贯之:秦人族群始终被表述为正统王朝之外的异族辅助者和归化者——介于华夏与戎狄之间。上述记载还明确给出另外一个与熊图腾可能有关的姓氏线索:费姓与嬴姓本出一源。

如果说嬴姓的来源线索中已经埋藏着熊图腾的谱系,那么,费姓的源流考察就更加明确显示出同北方通古斯人——今天仍然崇拜熊图腾的北方游猎民族——的关系。

傣族寺庙里的神马升天图

秦人是通古斯人吗？

前不久，一位朋友打电话问我：

"你读朱学渊的书了吗？"

"你说的是《中国北方诸族的源流》吗？早就拜读了。"

"不是那本，是他新出的一本书，你一定要看！"

嘉峪关长城博物馆的筑长城浮雕

旅居海外的朱学渊先生受到司马迁那句一言九鼎的"匈奴,夏后氏苗裔也"启示,又推出了一部语惊四座的著作:《秦始皇是说蒙古话的女真人》。他在此书中告诉人们:嬴秦的族系渊源不是"中国",而是所谓通古斯人,即以长城为界与汉族政权长期对峙的戎狄—匈奴—靺鞨—女真—满族这样一线贯串下来的北方游牧族群。

书中作为证据的材料,主要是历史比较语言学方面的。比如说通古斯人北迁以后,留在中原汉语中的通古斯词汇:公孙就是乌孙,徐夷、勾践就是女真,等等。朱学渊还对司马迁的三代同姓谱系提出批评:"《五帝本纪》是一部'公孙部落',或'乌孙部落',或'爱新部落'的传说。但由于中原语言发生了根本性的变化,司马迁和他的前人已经无法判定传说氏族名的异同,而用了许多面目全非的汉字,来记载了同音的姓氏,于是五帝人物就显得杂乱无章,又不得不以'皆同姓,而异其国号'的说法来搪塞了。"①

饶有兴致地看完了这本书以后,我觉得,朱学渊这种单纯从比较语言学方面提出的观点,其实呼应着一个在半个多世纪以前由俄罗斯人类学家

神木汉墓门柱人面鸟身三足乌青龙白虎

---

① 朱学渊:《秦始皇是说蒙古话的女真人》,华东师范大学出版社2008年,第37页。

史禄国先生提出的大胆假说:六千年前通古斯人活跃在中原,后来才迁移到了塞外。史禄国先生是费孝通先生当年在清华的老师。费先生于1994年到河南参观濮阳西水坡六千年前的古人墓葬中蚌壳摆成的龙虎图形,写了一篇题为《从蚌龙想起》的文章,推测新石器时代西水坡墓主人的身份或许就属于通古斯人。文中提到他的老师史禄国当年的重要推测:

> 公元前3000年之际居住在中原地区的是通古斯人,他们在公元前1000年时离开中原到达北方。

虽然费先生并未对史禄国先生的假说做进一步的发挥,但我当初阅读这篇文章的时候,却不禁由"费"这个姓联想到了费与嬴同出一家的史实。这种看似偶然的巧合中,也许就潜伏着值得进一步探究的重要线索吧。

《尚书》中有《费誓》篇,讲的是西周初年鲁公伯禽东征讨伐东夷人的费国时的誓师宣言。据《逸周书·作雒解》,周公东征平乱,"凡所征熊盈族十有七国,俘维九邑"。倘若此处所记"熊盈族"即"熊嬴族"的别写,则以"熊为其祖"的费氏费国当然也属于同系族群吧。而来自西方的周人到山东一带来征服东夷人中的熊图腾部落,就成为西周王权叙事话语中的固定套式。"熊盈族十有七国"的说法,说明熊图腾部落已经结为联盟,其文化势力相当强大。如果周人以正统华夏族文化自居,那么这些崇拜熊为其先祖的夷狄之国即使与黄帝正统有血缘上的关联,也仍然属于征讨的对象。如果这些熊图腾族群也还保留着东夷人普遍的鸟图腾,那就更明确了其与殷商族群的文化关联。秦人就是这样兼有熊图腾与鸟图腾的文化。

山东一带古有熊嬴族聚居,体现在姓氏符号方面,就是"能"姓。这个本来表示熊的汉字,虽然今天已经罕用作姓,但《辞海》的解释中仍然留有痕迹:作为姓,音耐,"唐代有能延寿"。仅仅把能姓

商代熊人玉雕,山东滕州出土

殷墟妇好墓出土玉雕坐姿神熊（平雕）　民间鹰图腾面具　　　　　民间熊图腾面具

追溯到唐代，毕竟太晚了些。如果《辞海》编者参考来自地下发掘文物的第二重证据，相关例证就要悠久得多。可以说，能作为姓，早在商周时代就已经流行。如青铜器铭文方面提示了较早的例证：

其一，1980年9月山东省黄县庄头村出土的"能奚方壶"，是西周早期的器物。上面有"能奚乍（作）宝壶"铭文。

其二，能匋尊，也属于西周早期，现存故宫博物院，上有"能匋赐贝"和"能匋用作"字样。

商末周初时山东一带有能姓氏族活动，这和《逸周书》所记"熊盈族十有七国"以及《费誓》所反映的费国势力，形成了一种吻合对应。这是否意味着上古东夷文化族群有通古斯人的血统呢？

朱学渊先生论证秦人与女真人同源，举出过一个可能是语音巧合的证据：秦始皇名叫"嬴政"与清朝雍正皇帝名叫"胤禛"实为同名，共同出自女真人名"按春"的谐音[①]。我觉得，与其这样单靠两方面发音相似作为文化同源证据，还不如直接举出汉族以外的诸多北方民族以费为姓氏者——如匈奴有费氏，党项有费听氏，满族人也有费氏——的情况，更加直接和有力。因为北方民族在历史变迁中遗留着费氏这个符号，非常清楚地和秦人之女祖"女华生大费"，以及"大费生子二人：一曰大廉，实鸟俗氏；二曰若

[①] 朱学渊：《秦始皇是说蒙古话的女真人》，华东师范大学出版社2008年，第83页。

木,实费氏"的说法相互对应。至于司马迁说的"其玄孙曰费昌,子孙或在中国,或在夷狄",不正反映着通古斯人在中原与夷狄之间的迁徙变化轨迹吗?

当年史禄国教授通过北方人种体质测量数据得出的中原通古斯人假说,如果还原到司马迁所记秦人文化脉络的历史语境中,显然能够得到非常有力的旁证。

从"嬴"这样包含熊在内的文字造型,到"费"这个足以将秦人先祖大费同北方通古斯族群联系起来的姓氏符号,对秦人种族文化渊源的探询可谓理出了一条较为清楚的头绪。但是,从中原迁往北方的通古斯人与在西北起家兴邦的秦人,他们之间的关联是如何开始的呢?这个问题涉及西北与东北的文化区域互动,需要在文献记载和人种学推论之外,找到史前文化的印证。

清代玉雕鹰熊双联瓶,故宫博物院藏

史前玉文化的证据

在某大学做学术交流时,有学生问我:"关于西北与东北的文化区域互动,近年来还有什么新的重要线索吗?"

"有啊,最关键的是北方红山文化与西北齐家文化在玉文化上的对应与相似。在这两种史前玉文化的对应背后,考古学者又提出了更大的史前文化区域间的互动,即红山文化与仰韶文化的联系与相互影响。对照着中国历史地图看,有趣极了。"

齐家文化与红山文化的联系,也许不光如苏秉琦说的,通过山西太行山一线的交叉融汇,构成红山文化与仰韶文化的互动关联[①];而毋宁就是位于今甘肃、宁夏的齐家文化,以内蒙古草原之路为通道,和红山文化连成

甘肃定西出土齐家文化玉琮　　甘肃古浪出土齐家文化玉刀

① 苏秉琦:《谈"晋文化"考古》,见《华人·龙的传人·中国人——考古寻根记》,辽宁大学出版社1994版。

一个整体的玉文化传播带,也就是以内蒙古南部为纽带,把东北与西北连成一个非定居的渔猎和游牧文化大区。换言之,齐家文化与红山文化的关系,在人文地理学上看,恰好对应于其在近古时代的文化后继者——西夏和辽金的关系。而所有这些边缘文化和中原文化的关系,又与匈奴和汉帝国的关系相对应。

上述观点其实不乏佐证。近年来,考古工作者在今天的陕西北部、山西北部和河北北部的一些地方相继发现了史前玉文化的遗迹,甚至还发现了标准的红山文化类型的玉器,如玉龙等。在这些史前玉文化的发现中,陕北延安和神木等地的新发现玉礼器群最为引人注目。因为陕北紧邻内蒙古的地理位置,恰好处在北方红山文化和西北的齐家文化之中间区域。这里在新石器时代末期,即夏代及先夏时期出现成批量生产的玉礼器,包括玉斧、玉钺、玉铲、玉璧、玉璋、玉琮、玉人面像和玉鹰等。① 陕北的史前玉礼器传统,显然不是当地孤立的文化独创,而是接受了东西两方面的同期文化影响之产物。

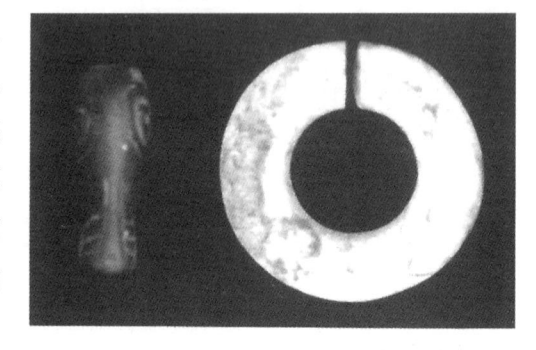

天水出土镶嵌绿松石铜牌

河北易县出土八千年前的石雕熊头、玉玦

更加值得关注的是,新近出土的红山玉器实物,居然来自陕西关中地区的春秋战国贵族墓葬中。如凤翔县南指挥镇战国中期3号秦墓出土的红山文化熊龙,以及凤翔县上郭店村春秋晚期墓出土的红山文化勾云形玉佩。② 这两件玉器,是典型的

---

① 参见刘云辉:《中国出土玉器全集·陕西》(14),科学出版社2005年版,第6—24页。
② 刘云辉:《中国出土玉器全集·陕西》(14),科学出版社2005年版,第25—26页。

延安出土龙山文化玉琮　　　　陕西凤翔秦墓出土红山文化玉熊龙

延安出土龙山文化玉刀

陕西出土红山文化勾云玉佩

的红山器形,非常清楚地表明在春秋战国时期陕西地区的秦人还保有史前遗留下来的红山文化玉礼器。可惜的是,这一个意味深长的重要发现,似乎只是在玉学界和收藏界有些人注意,而史学界和神话学界还无动于衷。

两对师徒的宏大假说

史禄国与费孝通这一对师徒所提示的中原通古斯人假说,是一种来自体质人类学研究的观点。另一对师徒的观点则更加新颖,其视角来自考古学界。老师是中国考古学会前理事长苏秉琦先生,弟子是辽宁省文物考古研究所前所长郭大顺先生。苏秉琦以倡导中国考古学区系类型学说而名震海内外,郭大顺以亲自参与红山文化牛河梁等地的发掘而著称。

1979年,我还在古都西安读大二。那年4月西安召开了中国考古学会成立大会,苏秉琦先生在会上发言,正式提出古文化的区、系、类型问题。这一理论如今已经是考古界尽人皆知的常识,但如今的学生恐怕难以了解二十八年前苏先生提

清代白玉熊形尊,故宫博物院

出此说的话语背景,那就是如何突破数千年中国史学正统的藩篱,不带历史偏见地面对东亚大陆上新发掘出的古文化遗存。苏先生将这个观念上的突破,看成是他们这一代考古工作者的责任。其解说原话如下:

> 其一,应该把被歪曲了的历史恢复它的本来面貌。这就是,中原中心,汉族中心,王朝中心的传统观点,必须改变,恢复历史的原貌。
> 其二,必须正确回答下列诸问题,中国文化起源,中华民族形成,统一多民族国家的形成和发展,等等。

引导苏秉琦的学术思路的,正是这样一种除旧开新的自觉意识。三年后,他在河北蔚县的考古座谈会上讲:中华民族是个大熔炉。最复杂、最具典型性的是长城地带这个熔炉。又过了三年,他在太原召开的"晋文化座谈会"上说,所谓晋文化有双重属性,可以作为中原古文化的一个组成部分,也可以作为北方古文化的一个组成部分。更值得注意的是,晋文化是中原和北方两大古文化区系间的重要纽带。晋南陶寺文化能够异军突起,成为夏文化的重要基地,这和它同时吸收了史前中原与北方文化的养分是分不开的。这样的系统认识,发展到90年代初,终于形成了"重建中国古史的远古时代"这样前无古人的宏伟设想。我们看白寿彝总主编的《中国通史》第二卷,即由苏秉琦主编的《远古时代》一书,

宁夏博物馆藏西汉绿釉熊形灯台

可基本明确苏先生"六十年圆一个梦"的大致情况。至于远古时代和司马迁所记述的五帝时代如何衔接,这个难题留给了他的直传弟子郭大顺。如果说,史禄国的弟子费孝通因为没有直接继续老师的研究课题,而在晚年时发出无限感慨,那么,郭大顺在苏老师去世(1997)后推出的《追寻五帝》(2000)一书,则以实际行动对先师未竟事业做出最好的呼应。

南京博物院藏良渚文化玉璧

郭大顺以一个考古学者的身份试图介入历史研究领域,对20世纪前期疑古思潮以降被一般学者视为畏途的"五帝"时代,重新给予梳理和再建构,气魄确实惊人。但由于这部书是在香港而非内地出版,内地读者很少看到,所以影响有限。《追寻五帝》的问题意识显然直接来自苏秉琦,行文风格有时也十分接近。苏秉琦在《远古时代》后记里说,80年代中期编写该书时就召集包括郭大顺在内的几位考古学者进行讨论。所以,老师的基本立场和主要观点,学生早已心领神会。比如说,中国文明史从夏代写起,"这样一来,在世界古文明史上,中国就只有4000年的文明历史,这比列为世界四大文明古国的两河流域、埃及晚了近1500年"(第2页)——在我看来,这种立论出发点是值得商榷的,它似乎染上了大陆学人在民族情绪影响下的一种通病,即主观上要为民族国家做贡献,就以尽量拉长历史时间为研究宗旨。

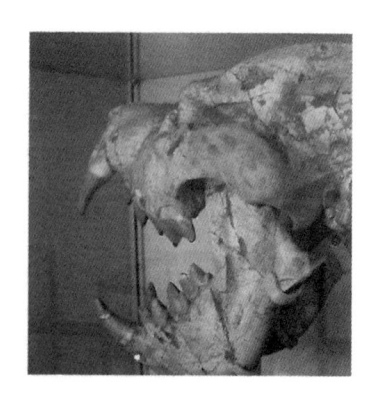

红山文化玉雕鹰形器　　　　甘肃和政博物馆藏中新世巨鬣狗化石

不过,郭大顺要求研究者将探索五帝时代的目光,不再局限于中原地区,而是更多地转向中原以外地区。这一观点虽来自老师,但因为他有参与发掘北方红山文化的实际经历和多年考古研究经验,就更显得底气十足,具有极强的震撼力。比如下面一段重申苏秉琦观点的断语,就绝非一般从事历史文献研究者所能够写出:

> 5000年前,先进文化因素不是在中原而是在中原以外的地区首先出现的;周围对中原的影响往往大于中原对周围的影响。(第10页)
>
> 复原五帝时代的历史,并非遥远的将来或幻想!而是指日可待的事情了。(第13页)

赫哲人的鱼皮制鹰图腾,国家博物馆非物质文化遗产展,2006年5月摄

作为依据,郭大顺将新发现的红山文化的宗教礼仪建筑群,包括坛、庙、冢在内的完整体系,看作文明古国的雏形,并认为这特征恰好可以显示中国文明起源的特殊性。从考古发掘的文化遗迹,向历史文献中的传说时代延伸,就有了燕山地区黄帝集团与中原地区华夏族集团形成对峙的五千年前的文明图景。这些大胆的立论尽管还有待进一步的小心求证,却无疑为新世纪的中国文明起源讨论揭示了承前启后的重要线索。不过,如果他能够借鉴史禄国、费孝通的中原通古斯人假说,再到中原的新郑黄帝故里考察一下熊庄的熊图腾遗迹,那么也许就不会武断地认定黄帝集团只在燕山—涿鹿一带定居和活动了吧?

通古斯人的熊崇拜,黑龙江上京博物馆藏熊纹铜镜

熊图腾：中韩文化的纽带

越来越多的证据表明，有熊氏黄帝集团不仅开启了虞舜时代以及鲧、禹、启的夏代熊图腾神话之先河，并通过颛顼将熊祖信仰传承到秦、赵、楚等国的广大地域，而且还通过通古斯人的亲缘族群的传播作用，一直将熊图腾神话植根到朝鲜族的远古记忆之中，遗留下目前东亚地区保留最完整的熊母生人神话。

韩国学者姜承哲，在其2006年5月哈尔滨师范大学通过答辩的博士学位论文《中国太阳英雄神话与韩国檀君、朱蒙神话的分析》中说到，在北

猛禽猛兽合体的神话形象，安徽凌家滩出土玉雕鹰熊，距今五千多年　　　江西傩面具

方民族迁徙移动的大背景上看待中韩神话的关联与互动,从另一侧面印证了中原通古斯人在熊图腾神话源流传播方面的重要角色。下面是摘自该文的两个逻辑推论:

汉族文化和狩猎牧畜民东夷族一部分文化融合后形成了复合文化层,再套上了骑马民族文化而诞生了朱蒙神话的顺序不难而知。

朱蒙神话前部分的解慕漱的降临和柳花的人身化明显属于夫娄神话系统。已经居住在韩半岛和满洲一带的檀君神话口演集团营生了初期农耕文化。在这里接受融入了汉族的感应型的东明神话,然后再融合以日光感应型神话的骑马文化而完成了朱蒙神话的叙事文化的构造。朱蒙神话包括了东明系和夫娄系,意味着新出现的骑马系统朱蒙集团统一了整个扶馀,其中一部分同勿吉合并形成了靺鞨,散居在东满洲和黑龙江以及兴安岭,发展为女真族。

古朝鲜神话中存在着与阿尔泰语系满-通古斯语族的各个民族相同或者相通的要素,这一观点在今天已经不会有太大的争议。檀君神话作为熊女祖先类型的故事,和我国鄂伦春、鄂温克人的熊图腾神话如出一辙,其文化渊源上的同源性质十分清楚。需要探讨的是,通古斯系的熊图腾神话是否和黄帝集团以及黄帝族的后裔文化有直接的关系呢?

其实,人类学家提出的中原通古

韩国文化振兴院熊女像

韩国首尔仁寺洞古玩街

熊女画　　　　　檀君画像，林炳喜提供　　　　西汉绿釉熊足陶仓

斯人假说，考古学家提出的红山文化为黄帝族文化假说，都为朝鲜檀君神话的发生背景提供了重新理解的契机。那就是把从黄帝族到嬴秦族的中华文化主干民族，同远古活动在自中原到北方的通古斯人直接联系为同一个主体。这样，黄帝族和熊图腾的关系，朝鲜祖先神话与熊的关系，就可以放置在同一个通古斯文化源流的范围内来思考了。其结论自是既出人意料之外，又在情理之中：熊图腾信仰及其神话叙事，乃是联结黄帝－华夏民族与朝鲜－韩民族远古文化记忆的共同纽带。就拿中韩边界的长白山来说，中国游客一般来这里是观光看风景的，而朝鲜－韩国人来则是明确的朝圣！我的韩国学生——人类学者林炳喜提供的长白山天池航拍地形图，分明将天池视为朝鲜人祖先神圣熊母的化身。在我们这边早已失落的文化记忆，在长白山那边的族群还完好地保留至今。

行笔至此，不禁回想起十年前大雨中登长白山看天池的经历。虽然在汉字记录下来的古

长白山天池，航拍图，韩国人以为是一只圣熊形象

文献中，没有留下完整的黄帝熊图腾叙事故事，只留下一些与熊罴相关的蛛丝马迹，但倘若参照口头传承下来的中国的满－通古斯语族熊图腾神话，以及可记录下来的朝鲜檀君神话，甚至还有日本阿伊努和北美印第安人的同类神话，便可以相对复原出黄帝熊图腾神话的大致线索，使这一失落已久的文化遗产重见天日。

至于通古斯语族熊图腾神话与牛河梁女神庙出土的熊塑像、积石冢出土的熊龙玉雕之间的联系，我想不会由于有了一两种推论或假说，就限制后人进一步探询的目光。随着新的考古发现的不断问世，也许终究有一天，会有更加确切的解答吧。

尾声
中华祖先神话之源

2006"我的熊年"结束了,对中华熊图腾文化的探究却好像刚刚开头,后面要面临的问题还很多。我在北大-哈佛会议、河南的神话学会议上提出的观点,先以《狼图腾,还是熊图腾?》为题刊登在我们中国社会科学院的院报上,后来一些报纸和刊物或者转载,或者对此发表了专访,引发了媒体广泛的兴趣与争议。新浪、网易、搜狐、人民网等几乎所有的主流网站都转载或刊发文化新闻,随后有数百家网站加入了讨论。在《大河报》组织的一个专版上,记者张红梅特意安排了一位考古学者提出的反对意见,是她电话采访的。该学者认为红山文化研究得还很不够,不能轻易得出熊图腾的结论。

想想这位学者说的,也有道理。如果红山文化早得到各方面的重视和规模性的研究,怎么还会等到我辈文学研究者前来凑热闹呢?不过据我推测,这位反对者大概没有读过金芭塔斯的英文著作,对熊等神圣动物作为史前女神宗教的崇拜对象等情况了解不多吧。如果他能够从整个欧亚美大陆熊图腾文化绵延分布的整体来看,而不是孤立地看待红山文化的牛河梁女神庙,或许能够改变观点。

以上只是我一厢情愿的猜想,也许情况恰好相反,还会引来更多的反

商代青铜鹿尊,江西新干出土　　　　　　**汉彩绘陶猪,河北涿州出土**

驳吧。这让我想起胡适先生一个精彩的比喻,考据就如同判案,原告方和被告方都会据理力争,但案子究竟如何判,一切都靠你所掌握的证据。

难怪傅斯年先生要强调"史学就是史料学","有一分材料出一分货"呢!

问题重大啊,关系到我们中华祖先神话的源头真相,几千年来笼罩在迷雾之中,能够不慎重吗?

其实,即使是相传的中华民族共祖黄帝是否实有其人,还是一个颇多争议的难题。论证黄帝有熊国的真实性,当然也会遭遇许多怀疑。我在这里还要申明的是,中华祖先图腾由来肯定不会是一源的,熊图腾只是诸多图腾动物中的一种。本书以此为题,不能兼顾其他,因为熊是几乎被后人遗忘的最重要的图腾之一。但这不意味着蛙、鹰-鹗、蛇、虎、鹿、猪等图腾就不重要。日后有条件,还要做进一步的探讨。

结束本书之前,还有一些有趣的材料和想法没有展开,就在此提出六个要点,做一个察源知流的简单提示(不算论证),希望对读者诸君亲自参与这场大官司的评判有所帮助。

广州南越王墓出土的熊形象

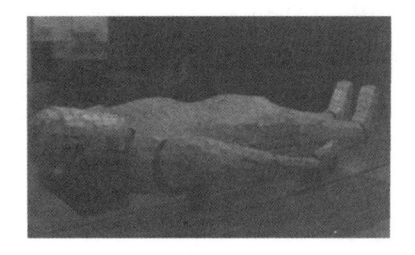

广州南越王墓博物馆　　　南越王墓　　　　　　　玉衣

　　2007年春到广州几所大学讲课，特意去看了位于广州的南越王墓博物馆。早就风闻这里出土了大量精美玉器，还是西汉时代的。我在这里又见到了熊的形象，甚至作为该博物馆的形象标记，体现在旅游纪念品上。一是饰熊纹空心砖踏垛（30厘米×26厘米），二是铜车马饰件——熊形节约。两种形象的特点都是在圆形的平面上雕刻出熊的正面图像——双臂环抱前伸，熊面突出，吻部与双熊掌相连接的造型，非常具有几何韵味。

　　这真是太神奇了！广州南越王墓出土的西汉熊形象，居然和我在《萨满教考古学》一书（第63页）中看到的西伯利亚出土公元前1世纪熊形铜环造型完全类似！在同一个时期的亚洲大陆的南北两端同时出现的这种熊爪捧熊面的类似造型模式，应该如何解说呢？

我们在上一章里探讨的"秦人通古斯假说",似乎已经预设了这个跨越时空的文化雷同现象的解答。试说解如下:

南越王赵陀(前？—前137),本为秦时的官吏,原来也是秦文化源流中的一个支流。而秦人先祖曾与北方通古斯人关系密切,或同出一源,所以史前通古斯狩猎民族的熊图腾遗留在秦文化传承之中,又经过来自北方的赵陀而传播到广东地区。

据司马迁《史记》的《南越列传》记载,赵陀是真定人。司马贞《史记索隐》说

空心砖上的圆环形熊纹图案

熊形节约线描图

真定在常山。那不是三国名将赵子龙的家乡吗,就是今日的河北正定。赵陀在秦时被封为南海郡龙川县令,后来升任南海尉。由于天高皇帝远,渐渐起了野心,兼并了南海、桂林和象郡,自封王国,叫南越国。秦始皇死后,秦二世统治的大秦帝国风雨飘摇,自顾不暇,当然鞭长莫及,无力讨伐赵陀的南越国。到了汉代,汉高祖十一年(前196),受封为南越王。吕后时,赵陀又自称南越武帝,发兵攻打大汉帝国的长沙等地,真有点人心不足蛇吞象。按照司马迁的记载,这位在南国称王称霸的赵陀还非常长寿,居然达到一百一十多岁。他死后又经过五世,南越国被汉朝大军灭掉。我们在南越王墓中看到的出土器物,多为他的继任者所留下。其玉衣与玉礼器系统的造型风格,同西汉玉器没有什么不同。而其熊形造型则反映的是来自秦人文化的北方通古斯传统,略不同于北方汉墓常见的熊形陶灯和铜塑卧熊。

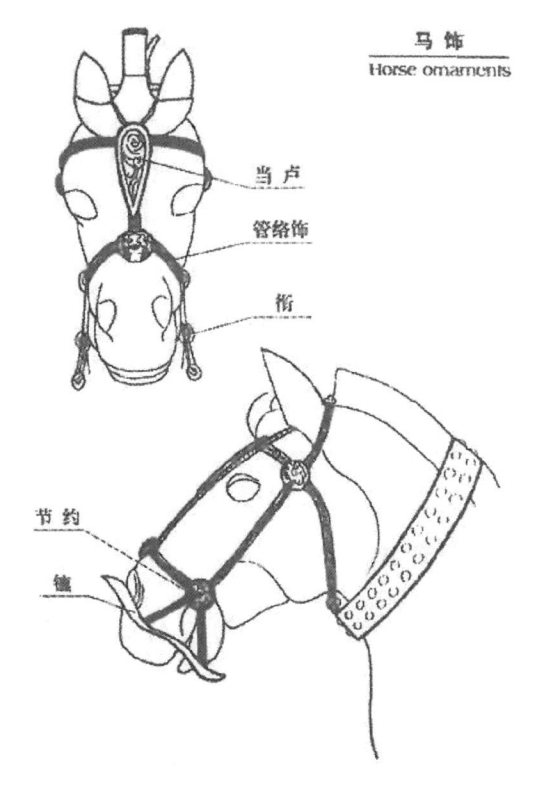

马 饰
Horse ornaments

铜节约用途示意图

南越王墓出土的玉璧组

圆环状的熊造型是否承担着季节循环、生命循环的神圣意蕴呢？如果是，那么这一类的造型图式应该是继承着新石器时代的熊女神崇拜的造型传统吧。而汉代的熊形灯台，当然也可以溯源于新石器时代的熊神长明灯。熊神的死而再生象征作用，足以给油灯赋予长明不灭的寓意。

熊为百兽之王？

前章讨论的甘肃礼县秦公大墓出土坐熊铜车形器已经表明,四只玄鸟和四虎所拱卫着的中央之熊,在神话动物大世界中的尊贵地位。对照1989年山西闻喜出土的西周青铜刖人守囿挽车,对这种突出中心的造型风格可以看得更加明确。东亚远古时期没有狮子的事实,足以将其他大型猛兽推上百兽之王的宝座。我在北京十里河古玩城见到新开张的中国古

江西南昌西汉海昏侯墓出土玉雕神熊,2016年作者摄于首都博物馆

玉陈列馆里春秋大玉熊立像,已经把石雕狮子传入中国以前最威严的神兽形象表现得十分清楚了。在远古东亚人心目中,能够与熊相提并论的猛兽似乎只有虎。

朝鲜的图腾祖先神话就是熊与虎并存,而《列子》中说的"黄帝战于阪泉,帅熊驱虎为前驱",也同样表现出熊虎并列、先熊后虎的规则。在一次文物市场采风中看到的战国玉器,呈现神熊在上、螭虎在下的造型。而私人收藏的一件母子熊圆雕,小熊以大熊

熊虎斗,海参崴民俗博物馆藏

为座驾,都能够辅助说明熊神曾经具有的百兽之主的特殊位置。如果再联系汉画像石中熊神戏虎(图见本书第84页)、熊帅群兽、熊仙引路的画面,特别是河南新野出土汉画像砖上伏羲女娲交尾形象的上方有熊神舞蹈的画面,对此还会有较全面的理解。

安阳殷墟出土商代石雕坐姿神熊 　　熊神在伏羲女娲头上方舞蹈,意味着什么?新野汉画像砖

熊与兽面纹及饕餮

古代文物中的兽面纹和饕餮的来源问题，一直是艺术史研究的一大谜团。各种观点争奇斗艳，互不相让。我们从纯粹图像学的角度进行比较，可以从赫哲族猎人用鱼皮制作的熊图腾得到启示：从具体的熊面形到几何化的兽面纹，只需一个抽象的过程。而饕餮的来源问题，也可以从熊面的抽象得到一点暗示。尤其是当我们看到山东济南济北王陵出土西汉玉熊面的形象[①]，就会悟出熊也是兽面－饕餮的原型动物之一。同墓出土玉璧

济南济北王陵出土西汉玉熊面　　济南出土西汉兽面纹玉璧　　妇好墓出土兽面玉斧

① 梁中合等编:《中国出土玉器全集·山东》(4),科学出版社2005年版,第232页。

上的兽面纹①,不也是对熊面的抽象吗?

　　这就提供了一个解析上古兽面纹密码的线索。比如妇好墓出土的饕餮纹玉斧,还有这个白玉臂镯上的兽面,它们代表什么动物,也就好理解一些了。若对照商代的司母大方鼎的熊足,以及二里头出土夏代绿松石饕餮造型,是否能够给神秘的饕餮形象来源提供一些新线索呢?

白玉臂镯上的兽面　　　　　　　南越王墓出土玉雕兽面衔璧

---

① 梁中合等编:《中国出土玉器全集·山东》(4),科学出版社2005年版,第236页。

熊如何演化为龙?

殷墟妇好墓出土的玉雕熊龙,非常清晰地体现着从熊到龙的演化迹象。那熊头蛇躯鹿角的三合一造型,分明是将三种动物的死而复生象征,组合到一个神话形象上。其远源当然要上溯到牛河梁积石冢出土的玉雕熊龙。而常州收藏家王文浩的这件春秋玉雕"蟠龙佩",怎么看都像一只团身的熊;还有他的春秋玉器"镂雕雌龙形对佩",其实也应改称"熊龙",因为其熊首熊爪加蛇身的造型特征太明确了。对照殷墟妇好墓出土的熊龙玉玦,以及各种熊龙玉雕模式,可以有助于解答"熊如何变成龙"的疑问。

妇好墓熊龙是熊头鹿角蛇身的三位一体　　　　妇好墓出土熊龙玉玦

汉武帝陵前的熊人交媾石雕

这件西汉时代的石雕非常奇特,现存陕西兴平市的茂陵博物馆。石雕刻画的是一个巨人和一只熊抱成一团,神秘而难解。一般认为是表现人熊搏斗的。我以为完全搞错了。从人手臂环抱熊的细节看,根本不是搏斗,而是人熊亲密拥抱的姿势。为什么呢?我们从朝鲜的檀君神话已经得知,檀君的父亲是男性天神,母亲是熊。鄂伦春族等狩猎民族的熊图腾神话也讲述着同样的熊母人父故事。从茂陵石雕上身体稍小于人的母熊叉开双腿的样子,显然是在交媾。今天的人听到这样的判断会很吃惊。若是温习一下欧亚到北美洲普遍流传的熊图腾生子故事,也许就见怪而不怪了。

茂陵是汉武帝的陵墓所在,也是西汉帝王陵墓中最大的一座。从秦皇到汉武,看来都和熊神话有着不解之缘啊。这里还有著名的西汉大将霍去病墓前马踏匈奴石雕,仔细分辨,马蹄下的匈奴似乎是人面兽身的,因为其下肢明显是长着利爪的猛兽。到底是什么兽呢?

请去陕西观光的朋友一定亲自仔细辨识啊!

西汉人熊拥抱石雕,陕西兴平茂陵博物馆

陕西兴平霍去病墓马踏匈奴石雕

古代六礼之玉璜以双熊首玉器为原型

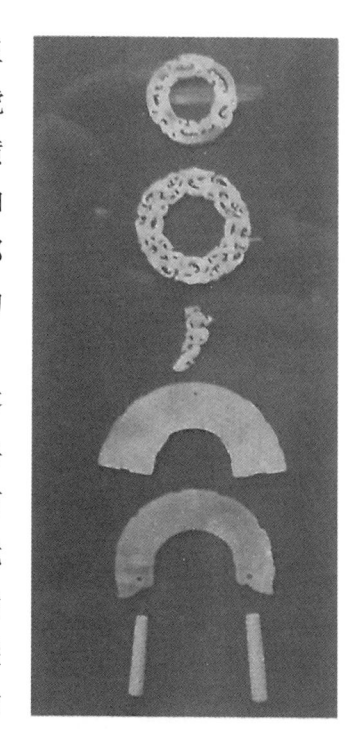

在古人礼拜天地四方的所谓"六礼"玉器——琮、璧、璋、璜、圭、琥——之中,玉琥一件从命名和造型看都来自猛兽虎。而璜的来源却一直是个谜。我们已经知道熊和虎一样曾经充当古人心目中的百兽之王,那么象征北方的玉璜是否和北方红山文化的双熊首玉器造型传统有联系呢?

问题的这种提法,就暗示了可能的答案:玉璜的早期特征是有兽首造型,或单兽首,或双兽首,以双兽首为多见。看前章商墓出土的这件玉璜,也许足以悟出其兽首就是熊首,整体上可以理解为熊龙。到了后来,玉璜抽象简化为几何形,其与猛兽的联系就逐渐失落了。而礼器发展为贵族装饰品的情况,清楚地体现在广州南越王墓出土的几位夫人的陪葬玉器上。右夫人用的玉

南越王墓右夫人玉组佩,下方两玉璜中有一个保留着双熊首造型

组佩有两件玉璜，下面一件分明还保留着来自红山文化的双熊首造型！

至于和熊有关的玉璜为什么特别和北方发生了象征性的指代意蕴，又以有熊国君黄帝的"黄"来命名，我想就留给有心的读者去推敲吧。

双熊首玉璜：山东滕州前掌大商墓出土

附录

"熊"与"能"
——有熊部落故里新郑能庄考察记

荆云波

　　随着小说《狼图腾》于 2004 年的出版和热销,图腾问题不仅又一次在学术界,而且在民间也骤然升温,并引发了海内外包括小学生在内的各界人士的强烈反响和回应,焦点集中在对中华民族身份认同问题的争论上:我们是"龙的传人"还是"狼的传人"？一些学者也在重新思考龙的形象究竟缘何而来？缘于猪、鹿、熊的说法都有。2006 年 8 月中旬在河南召开的中国神话学国际学术研讨会上,中国神话学会会长叶舒宪先生在向大会提交的论文中和接受媒体采访时,再一次阐明了自己的最新研究结果[①]:熊图腾早于龙图腾,"龙的传人"当中有很重要的一部分为"熊的传人"。2006 年 8 月 15 日,《大河报》以整版篇幅刊登了叶舒宪教授接受记者采访的专访内容,"熊的传人"说以"中国学者提出惊人理论""我们是龙的传人

---

① 此前,叶舒宪教授已撰文发表过有关龙图腾的原型的看法。参见《"猪龙"与"熊龙"——"中国维纳斯"与龙之原型的艺术人类学通观》,载《文艺研究》2006 年第 4 期;《狼图腾,还是熊图腾——关于中华祖先图腾的辨析与反思》,载《长江大学学报》(社会科学版)2006 年第 4 期。他在中国神话学国际学术研讨会上的交流论文《熊与龙——熊图腾神话源流考》,后来发表于《博览群书》2006 年第 10 期

还是熊的传人"等说法在互联网上被热炒。①笔者有幸参加此次中国神话学国际学术研讨会,会议期间,在河南新郑参观黄帝故里时,导游介绍了在有熊氏轩辕黄帝故里的附近,有一个村庄,原来叫熊庄,后改名为能庄。这一事实引起叶老师关注,会议结束后,他让我专门再到能庄就熊图腾的传说和有关问题做调查。

按照人类学家克利福德·格尔茨的说法,文化作为符号构成的系统,是一种风俗情景的深层次描述,也是一种探求意义的解释科学。②从这个意义上说,本文力争突破一般调查的写法,从一个小的方面做一次"深描"的有益尝试。文中的记述分析和结论可以作为上述图腾论争的一个旁证和补充。

新郑市黄帝故里门前蹲着的两座石熊(而不是石狮)格外引人注目。恰巧,距新郑市东北方向四公里余的地方有一个美丽的小村庄名叫"能庄",用当地村民的话应该念"nài(耐)庄"。据说,这个村庄最早不叫"能庄"而是叫"熊庄"。为什么由"熊庄"改为"能庄"？什么时候改的名字？这个村庄与黄帝有熊氏有无关系？为什么当地人把"能"读为"耐"？带着一连串的问题与好奇,笔者于2006年8月29日到新郑市市志办和新郑市和庄镇能庄村进行了走访,就有关问题做了调查。

熊与有熊国

新郑,因其为黄帝故里故都以及春秋战国时代的国都而闻名。据史书记载和专家考证,这里就是远古历史上著名的有熊国。关于有熊国的历史记载,最早可追溯到战国的《竹书纪年》卷上:"黄帝轩辕氏,元年帝即位,居有熊……"《国语·晋语四》记载:"昔少典娶于有蟜氏,生黄帝、炎帝。

---

① 人民网·理论:《我们是龙的传人还是熊的传人?》;MSN 中国—奇虎:《[新说]中国人不是龙是熊的传人》;芒果网易旅游:《华夏民族是龙的传人还是熊的传人?》;大经网:《学者称中华龙图腾源于熊 部分人为熊的传人》

② 参见克利福德·格尔茨:《文化的解释》,第一章"深描说:迈向文化的解释理论",韩莉译,译林出版社1999年版。

黄帝以姬水成,炎帝以姜水成,成而异德,故黄帝为姬,炎帝为姜。"司马迁《史记·五帝本纪》中有:"黄帝者,少典之子,姓公孙,名轩辕。"又:"自黄帝至舜、禹,皆同姓而异其国号,以章明德。故黄帝为有熊,帝颛顼为高阳,帝喾为高辛,帝尧为陶唐,帝舜为有虞。"《史记集解》卷一:"谯周曰:'有熊国君,少典之子也。'皇甫谧曰:'有熊,今河南新郑是也。'"晋代皇甫谧《帝王世纪》云:"黄帝有熊氏,少典之子,姬姓也……受国于有熊,居轩辕之丘,故因以为名,又以为号。"唐代李吉甫的《元和郡县志》和李泰的《括地志》都记载有新郑县是有熊氏之墟。从以上典籍中可以知道,黄帝称帝于有熊之国,黄帝为有熊国国君少典之子,有熊国在少典时期就已经存在。之所以后来叫新郑,清康熙三十四年(1695)管竭忠《开封府志·建制沿革》中说:"新郑县,古有熊国,周封黄帝后于此为郐国。春秋,郑武公从平王东迁国焉,名曰新郑。"①

有熊国何以得名,历史文献没有记载,但是从新郑一带今天还在流传着的丰富的民间传说故事中,我们可以找到答案。其中,最有代表性的是《有熊氏的来历》。故事讲的是,很早很早以前,少典部落周围有很多熊。一次,善射的部落首领少典外出打猎,遇到一只大熊——熊的头领,大熊求少典帮忙灭了它们的天敌怪兽,为了报答少典的救命之恩,如有需要,熊随时可供少典役使。在一次与狼部落的冲突中,少典部落损失惨重,失去了不少土地,于是少典求助于熊,在群熊的帮助下,少典部落赶走了狼部落的人,夺回土地,重建家园。从此,少典就把自己的部落改名为熊部落,熊部落的人也因为自己有熊的帮助很自豪,经常对外部落人夸耀说:"我们有熊。"这样,久而久之,人们都称少典部落为"有熊氏"或"有熊部落",后来这个部落逐渐强大,发展为有熊国,少典就成了有熊国的国君。②

根据图腾理论,结合故事传说,我们可以推知,有熊部落或有熊国至少当以熊为自己的部落图腾。在新郑市全国重点文物保护单位黄帝故里的

---

① 上述文献均引自刘文学主编:《黄帝故里故都历代文献汇典》,中国文联出版社2005年版,第7—17页。
② 参见刘文学主编:《黄帝传说故事》,中州古籍出版社1997年版,第1—4页。

门前,立着两尊雄伟的石熊雕像,而不是石狮子,传说中的黄帝宝鼎,也是由三只健硕的熊扛着,而非其他动物,熊在有熊国的尊崇地位直到今天还有所遗存。叶舒宪老师在《熊与龙——熊图腾神话源流续考》一文中认为,冬眠春出的熊在先民心中是生命死而复生的象征,规律性地体现着大地母神的自然节律,熊崇拜作为史前女神宗教崇拜的一部分,普遍存在于史前的欧亚大陆及北美的宗教信仰中。[①] 这些至少从一个方面说明了有熊国对熊推崇的原因。

熊庄与能庄

在新郑城关东北约四公里的地方,有一个能庄村,据当地人说,这个村庄很久很久以前叫熊庄,后来由于熊庄这个名字不好听,才改为能庄。到底是不是这个原因才改的名字?能庄以前叫不叫熊庄?笔者到村中走访了解到,村里五百多口人,白姓居大多数,几乎没有什么人姓熊。看来,以前曾叫熊庄的说法会让人产生疑惑。

但是,穿过一方方的荷塘,在村庄的东部有一处遗址,叫少典坟,坟冢被青草覆盖着,高约2米,面积10多平方米。据村里老人、村党支部原书记白留根讲,抗战时期日军修路、人民公社时期平整土地都使坟冢受损,面积缩小了不少,但即使是"四清"与"文革"也没有人敢彻底平了少典坟,可见千年流传下来的君王威力与敬祖拜祖的习俗在百姓心中影响力之强大。有熊国首领的坟墓就在此村庄,看来叫熊庄也名正言顺。

白留根老人听上一辈人讲,黄帝身边有一位大臣姓熊,另一位大臣姓苟,黄帝命令姓熊的大臣驻守父亲少典的陵墓,后来,这个村庄就叫熊庄,姓苟的大臣驻守在离熊庄不远的另一个村庄,叫苟庄。这两位大臣也被人们称为"熊大人""苟大人"(与"狗大人"谐音),他们觉得这样叫实在不好听,就告诉了黄帝,黄帝很开明,就说将"熊"下面的四点省掉,叫"能大

---

① 叶舒宪:《熊与龙——熊图腾神话源流续考》,见白庚胜、叶舒宪主编:《神话中原:2006中国神话学国际学术研讨会论文集》,大象出版社2008年版,第316—323页。

人",将"苟"加上反文,叫"敬大人",这样,熊庄自然也改成了能庄,而现今离能庄正北两公里的蔡庄(蔡庄得名原因不详)还有许多敬姓人家。为什么能庄的人不姓熊或能?白留根老人说是因为后来能大人搬走了,留下了他手下的侍臣在这里看守坟墓,他的侍臣姓白,所以,如今村子里大部分人还姓白。

翻遍新郑市市志办的各种与黄帝有关的传说故事,并没有发现这个民间版本的传说,这说明这个传说还活在口头,还没有被书面的文字所采编、所限定。所以它才显得那样灵动有趣,不仅村名在其中得到了圆满的解释,村民的姓氏也得到很好的解释,还隐含着村庄和有熊氏的关联。

当然,作为传说,故事中自然也含有农业文明社会的意识形态和价值观念。"熊"不好听的说法,在书面版本的其他有关黄帝的传说中也偶有出现,这种观念肯定不是黄帝时期新石器时代的人们所能想出,那时候,熊是他们崇敬祭拜的图腾,甚至享有比人还高的礼遇,以"有熊"而自豪的人们,怎么可能嫌"熊"不好听呢?随着生产力的发展,以裴李岗文化和仰韶文化为代表的新石器时代渐渐被农业文明社会所取代,随着人的力量的增强、人类自我意识的觉醒以及对农业生产规律与知识的掌握,大地的母神宗教崇拜与图腾信仰在社会生活中的地位渐渐减弱,熊所代表的部落保护神以及生命再生崇拜的象征意义在崇尚劳动力的农业文明社会中失去了昔日的辉煌,甚至逐渐被人们遗忘,与此象征意义相反的另一面——熊行动的笨拙、在冬眠时期的无能为力,在农业文明中自然会被视为负面价值。骂人"熊样"等都是这种农业文明价值观的不自觉流露。这恐怕才是熊庄改名为能庄的真正原因所在,其中的价值变异与置换是否也透露出熊图腾何以被后来的龙图腾所代替的原因之一呢?

熊庄何时更改为能庄已经无法考证了。笔者在查阅新郑县志时,在乾隆四十一年(1776)《新郑县志·风土志》(标注本)中发现了"能家庄"[1],据新郑市市志办主任、中华炎黄文化研究会理事刘文学介绍,"能家庄"就是现在新郑市和庄镇的能庄。

---

[1] 新郑市地方史志编纂委员会整理:《新郑县志》,乾隆四十一年(1776)标注本,第55页。

"熊"与"能"、"能"与"耐"

在能庄的调查访问中,一个非常有趣的现象耐人寻味,那就是能庄人在说到"能庄"时,一律发音为"nài(耐)庄",导游和市政府机关的工作人员则发音为"néng(能)庄"。为什么会这样?难道是个方言现象?笔者发现,在说到"才能""能力"的"能"时,能庄人又一律读为"néng(能)",看来并不是一个简单的方言现象所能解释的。

查阅《汉语大词典》,"能"在读"nài"时,有两个义项,一是姓,二是通"耐",当"受得住"讲。通俗地讲,也就是"能"与"耐"是相通的,查阅"耐"字,也有一个义项读"能(néng)",解释为"能的古字"。我们平时总说"能耐",只不过我不知道这两个字互训相通罢了。能庄人在代代相传的口音中,保留了语言文字原初本真的语音面貌和意义,从某种意义上可以说他们的口音就是一部活着的字典,保存着丰富的文化信息,我们在课堂上或书本上很少有机会能够学到这样的知识。

"能"当姓氏时发音为"耐",这个姓是由"熊"演变而来的,关于这一点,不仅传说中如此,《中国人名大辞典·姓氏考略》和《辞海》中查阅"熊"均有说明,黄帝的后代楚国国君熊挚在商代为避难而将"熊"姓改为"能"(nài)。[①] 为什么不改他姓,偏偏改为能?叶舒宪老师在《熊与龙——熊图腾神话源流续考》一文中对熊和能做了详细考证:能,本义训熊,在金文中被写作一只熊的形状。这个象形字的造字表象说明,古人按照神话信仰,以能够死而复生的熊来代表生命能量、生命力、生命的自我复苏能力。能(nài)也是一种叫三足鳖的兽,是可以与熊、蛇等动物之间保持相互变形与认同的动物,它们的共同特点就是都具有生命的循环或复苏能力,所以能又被引申为能量、能力、才能等。[②] 这些都是人们所说的能耐。萧绮的《拾遗记录》中云:"《尚书》云:'尧殛鲧(鮌,即鲧)于羽山。'《春秋传》曰:

[①] 臧励和等编:《中国人名大辞典》,商务印书馆1921年出版。
[②] 叶舒宪:《熊与龙——熊图腾神话源流续考》,见白庚胜、叶舒宪主编:《神话中原:2006中国神话学国际学术研讨会论文集》,大象出版社2008年版,第316—323页。

'其神化为黄能,以入羽渊。'(见《左传·昭公七年》)是在山变为能,入水化为鱼也。兽之依山,鱼之附水,各因其性而变化焉。"篇后注释有:"黄能,即黄熊。"①如果表示姓氏的汉字除了代表姓氏本身以外还有意义的话,有的因地名成为姓氏,有的因官职成为姓氏,那么,能则是因为熊、能(nài)等类动物的生命复苏能力(能耐)而相互认同成为姓氏的。这个姓氏也因为与熊的特殊关系而成为黄帝有熊氏生活在新郑一带的有力证据。

能庄的实地考察让人明白,与黄帝有关的熊图腾的神话传说不仅仅存在于历史文献中,也不仅仅是以有形实物的形式存在着,活态的民间传说依然是不可忽视的宝贵资源。少典坟能够穿越漫长的历史保存下来,更重要的是一种祖先崇拜的精神信仰和民族习俗在民间的代代传承;目前还以鲜活的口传形式生长在民间的传说故事是最可宝贵的活教材,它不仅生动地体现着一个部落、民族生活的习惯和地理位置,也隐含着他们的图腾信息、信仰崇拜和价值观念。独特的乡音与活在民间的传说都流露出了"熊"与"能"的认同,从中我们看到的不只是一个姓氏的根脉——与黄帝的渊源关系,也看到了远古时代的图腾崇拜与女神信仰和生命再生崇拜的关系。从"熊"到"能"也存在着变异的因素,说明随着社会文明由新石器时代进入农耕农业的转型过程中,人们价值观念所发生的变化,这也是熊图腾被龙图腾代替的一个潜在原因。民间是一间大课堂,也是一座无尽的宝藏。

---

① 黄霖、韩同文选注:《中国历代小说论著选》(修订本)上,江西人民出版社2000年版,第33—34页。引文中括号里内容均引自本篇注释内容。

《天问》"虬龙负熊"神话解
——四重证据法应用示例[①]

屈原在《天问》中一连发出176个问题,从开天辟地神话直至楚国历史。书缺有间,这176个问题涉及远古神话传说的颇多,两千年来能够得到确切解答的大概不到半数。古往今来的注释家们皓首穷经,爬梳文献,几乎穷尽了传世文献的各个角落,但仍有不少疑问的解释,或似是而非,或茫无头绪。《天问》中有关熊的数个问题即是如此。自汉代王逸以降,已不甚明了楚国神话想象中的熊本为天神的化身或远古图腾的真相,即便努力解说,依然不得要领。后人各显神通,猜测遐想,臆说歧出,遗留至今,成为文学史上的疑案。

20世纪90年代初,笔者撰写《英雄与太阳》一书时曾就《天问》"化为黄熊,巫何活焉"一问做出比较神话学的跨文化解读,如今借助于文学人类学派所倡导的融合多学科知识的"四重证据法"[②],即突破文字符号提供的单一性材料,将出土的文物和图像作为第四重证据,将口传的和活态的

[①] 原载《北方论丛》2014年第6期。
[②] 关于四重证据法的释义和应用,参见叶舒宪:《第四重证据:比较图像学的视觉说服力——以猫头鹰象征的跨文化解读为例》,载《文学评论》2006年第5期。叶舒宪:《文学人类学教程》,中国社会科学出版社2010年版,第九章、第十章。

民间文化作为三重证据,助力重建失落的文化文本,从而给文学文本研究带来前所未有的多重视野的方法,拟再对"焉有虬龙,负熊以游?"的疑问进行解读,以求证于方家。

一、虬龙负熊的神话背景:昆仑与天门

"焉有虬龙,负熊以游?"此一问题涉及两种动物之名,一是虬龙,二是熊。两者的关系扑朔迷离,困扰着一代代试图为之做注的学人。虬龙是纯粹的神话动物,存在于华夏先民的想象中,现实中并不存在,无从求证其真。熊作为陆地上的走兽,即一种巨大的食肉动物,确乎存在。当屈原将这两种动物并列一起发问时,不熟悉神话思维和神话想象的后人就容易被引入误区:不同种类的动物怎么能在一起游戏呢?提到龙一般人会联想到水,提到熊则联想到陆地。注释家们就这样陷入逻辑困境而难以自拔:

> 林兆珂曰:虬熊相负亦犹龟蛇之相求也。
> 汪仲弘曰:言焉有水中之龙虬负山中之兽以游戏乎?
> 黄文焕曰:陆处者不能水居,类各有所殊,智各有所短,忠臣拙于为佞,固自尔尔。焉有虬龙,负熊以游,助其所短,水陆咸宜乎?[①]

王逸注:"有角曰龙,无角曰虬。言宁有无角之龙,负熊兽以游戏者乎?"用白话讲:"哪里有无角的虬龙,背负着熊兽在游戏呢?"王逸对虬龙的解释是区分有角无角[②],虬无非是神话动物龙族中的一个子类。而熊一旦被解释为一种"兽",瞬间便落到大地上,丧失了神话联想的语境。这是王逸就事论事,孤立地看待两种动物的结果。如此误导使得上述一批注释

---

① 游国恩主编:《天问纂义》,中华书局1982年版,第146页。
② 王逸的区分法值得怀疑,如果说虬是无角之龙,那又怎么会产生"虬角"(亦作"虯角")这样的词汇呢?用虬龙的角,借指虬龙,是古代诗人惯用的修辞法。皮日休《吴中苦雨》诗云:"龙光倏闪照,虯角搕挣觸。"即是其例。

家丧失了前进方向,难免进入解说之歧途。如果将问题的上下文联系起来,则虬龙负熊一问,紧接着有关昆仑县圃之天国想象的一系列问题:烛龙、天界的四方之门、羲和若木、冬暖夏寒、石林、有兽能言。看到这些名目,可以明确地指认屈原发问的背景:昆仑神山,那是天界诸神降临人间的驿站,也是地上之人能够升天的阶梯。围绕昆仑县圃的神话想象,类似于介乎大地和天界之间的"空中花园",其上方无疑直通天国。在"昆仑县圃,其尻安在?增城九重,其高几里?"二问之后,屈原再度提出的问题是:

四方之门,其谁从焉?
西北辟启,何气通焉?

王逸注:"言天四方,各有一门,其谁从之上下?"又曰:"言天西北之门,每常开启,岂元气之所通?"①参考其他相关文献的记载,可以对神话想象的天国之门有更多细节知识。如《淮南子·地形训》的说法:"悬圃……在昆仑阊阖之中。……昆仑之丘,或上倍之,是谓凉风之山,登之而不死。或上倍之,是谓悬圃,登之乃灵,能使风雨。或上倍之,乃维上天,登之乃神,是谓太帝之居。"②注云:"太帝,天帝。"再如《水经·河水注》引《昆仑记》曰:"昆仑之山三级……上曰增城,一名天庭,是谓太帝之居。"又如《路史·余论·天门》附引《河图括地象》曰:"西北为天门,东南为地户。"注云:"天不足西北,是天门;地不满东南,是地户。"这些描述较为具体地呈现华夏神话宇宙观:东亚道路西高东低,西北高山处被想象为接近天界的天门所在,水向东南流的低处则被想象为大地的门户所在。这也就是四天门之中,屈原为什么只问到西北的天门辟启,而没有涉及其他三座天门的原因吧。

在河南洛阳金谷园新莽壁画墓后室顶脊的"太一阴阳图"中,可以看到二虬龙与四玉璧的彩绘图像。如果四玉璧代表天国四方的天门,则二虬

---

① 游国恩主编:《天问纂义》,中华书局1982年版,第130页。
② 刘文典:《淮南鸿烈集解》,中华书局1989年版,第133—135页。

龙穿绕其中的三个玉璧,二龙头张口拱卫着上方的一枚玉璧,该玉璧象征门户的中孔里涌现出红色的飞扬状气体,或许就是《天问》所问的"何气通焉",亦即王逸说的"天西北之门,每常开启,岂元气之所通?"

倘若把《天问》的上下文组合为一个整体,则虬龙负熊神话想象的大背景可真切地呈现出来:那是在昆仑神山上方,直达天界之门的升天旅程之想象景观。围绕这种华夏神话想象景观的一切现实考证,都将是缘木求鱼,徒劳无功的。如把天界的"石林"考证为泰山石闾、华山石室、庐山石梁、天都峰石笋、贵州石林、青海积石山等做法[1],皆是如此。屈原在紧随其后的所见所闻之问题陈述中,都没有现实生活的背景,全出于天国神话想象。由此可知,虬龙负熊之景观,说的不是一般的陆地或水中的动物游戏,而是指作为交通天人之际的升天神兽,以及由升天神兽即虬龙所运载的主人——神熊。如果天界有四方的天门,那么能够从天门中上下穿行的,一定不是凡夫俗子和一般的生物,而是华夏文明想象出的、具有上天入地下海这样海陆空三栖能力的神龙。

二、龙与天门:图像叙事的神话证明

怎样看待天门与升天之虬龙的关系呢?既然《天问》发问的背景是楚国宗庙壁画上的神话图像,那么如果能够找到与战国时代最接近的图像叙事的神话资料,就可以为虬龙负熊说提供明确的叙事和想象之旁证,揭开迷雾笼罩下的神秘天国之奇特景致。

首先看有关龙的战国图画。长沙子弹库战国楚墓出土《人物御龙帛画》,被称为中国最早的"国画",其中表现一位高冠仗剑之仙人乘龙(舟)遨游升天的景象,飘逸而空灵。[2]龙在升天过程中充当的是运载工具。这情形可以诠释古代传说中的虬龙与螭龙,二者还大量出现在春秋战国之际

---

[1] 汪仲弘、王夫之、游国恩等人的观点,见游国恩主编:《天问纂义》,中华书局1982年版,第141—145页。
[2] 谢崇安:《商周艺术》,巴蜀书社1997年版,第111页,第340页图一〇八。

的玉器雕刻中。如《文选·屈原〈九章·涉江〉》云:"世溷浊而莫余知兮,吾方高驰而不顾。驾青虬兮骖白螭,吾与重华游兮瑶之圃。"吕延济注:"虬、螭皆龙类。"屈原在此言"驾青虬"和"骖白螭",指明是让虬龙和螭龙为他驾车遨游。明王宠《旦发胥口经湖中瞻眺》诗云:"扬帆忽夭矫,赤水骖虬龙。"神话想象的龙舟或龙车,其功能具有一致性,那就是载人(神)升天。古人将饰以虬龙图形的车驾称为"虬驾"(亦作"蚪驾"),代表精神遨游的工具。如南朝梁何逊《七召·神仙》诗云:"虬驾夭矫而出没,霓裳飒沓而容与。"

秦汉以后宫殿建筑物上图绘虬龙于立柱,称为"虬柱"(亦作"蚪柱"),大致相当于明代建筑天安门前后的华表龙柱,其神话观念与屈原时代一脉相承。南朝梁王筠《上太极殿千夫表》描绘说:"绣栭镂槛,延曜光辉,蚪柱虹梁,杳冥云雾。"南朝梁江淹《丽色赋》也说:"架虬柱之严丽,亘虹梁之峻密。"这两处均将"虬柱"与"虹梁"对举,因为彩虹为天桥的观念也是来自史前升天神话想象的重要母题①。

在秦代都城咸阳宫殿遗址出土龙纹空心砖图像中,出现虬龙盘绕玉璧的形象,或刻画为一虬龙盘绕玉璧(图1),或刻画为二龙盘绕三玉璧(图2)。根据四川出土汉代画像石棺和重庆巫山县出土汉代铜牌饰中将玉璧形象题名为"天门"(图6,图7)的情况②,可以反推秦代及先秦时代的玉璧造型也很可能象征"天国"或"天门"。此类虬龙盘玉璧的图式到西汉年代转变为二龙穿璧或二龙穿三璧,流行于各地的汉墓画像石造型,其彩绘的标准版则出现于长沙马王堆1号西汉墓出土T形帛画,以及棺档漆画构图

---

① 叶舒宪:《龙—璜—虹——天人合一神话与中华认同之根》,载《中华读书报》2012年3月21日。叶舒宪:《二龙戏珠原型小考——兼及龙神话发生及功能演变》,载《民族艺术》2012年第2期。
② 重庆巫山县文物管理所、中国社会科学院考古研究所三峡工作队:《重庆巫山县东汉鎏金铜牌饰的发现与研究》,载《考古》1998年第12期。赵殿增、袁曙光:《"天门"考——兼论四川汉画像砖(石)的组合与主题》,载《四川文物》1990年第6期。黄剑华:《古代蜀人的天门观念》,载《中华文化论坛》1999年第4期。陈江风:《汉画像中的玉璧与丧葬观念》,载《中原文物》1994年第4期;收入《汉画与民俗》,吉林人民出版社2002年,第163—174页。

图1　咸阳出土秦宫室建筑用龙纹空心砖拓片,摄于陕西历史博物馆

图2　咸阳出土秦代空心砖"二龙盘三璧"图式,摄于国家博物馆

图3　马王堆1号汉墓彩绘棺画:二龙穿璧升天图

上（图3）。用汉代文人李尤的《德阳殿赋》中一个描写，就是："连璧组之润漫，杂虬文之蜿蜒。"盘曲如虬龙的纹饰，为什么会和"璧组"相互对应呢？看惯了汉代图像中的二龙穿璧（图4），就会对汉代文学家描写的"润漫"和"蜿蜒"，产生出感同身受的真切体会。"连璧"这个出自《庄子》的词组，看来不是纯粹想象的产物，用丝制的组带来连系多个玉璧，也和二条虬龙穿绕三玉璧的神话意蕴相类似吧。

在河南洛阳发掘的烧沟61号西汉墓山墙，我们居然有幸看到两千多年前不知名的民间美术家制作的砖雕"二龙升天五玉璧天门图"（图5，原名为"乘龙升仙图"[1]），图中明确呈现出"焉有虬龙，负人以游"的景象：画面中央是一对闭锁的大门，门楣上方横向排列着五枚青色玉璧。这些玉璧一方面标志着进入天国的大门，另一方面则对应着汉代文献中说的"璧门"。

图4 徐州出土汉画像石"二龙穿三璧升天图"，摄于徐州汉画像艺术博物馆

班固《西都赋》云："设璧门之凤阙，上觚棱而栖金爵。"班固描绘的璧门没有虬龙，却有凤阙。龙凤二者皆为升天神话动物。汉武帝为追求在俗世生活中的升仙不死，专门修筑一座模拟天国世界的建章宫，其神话标志就是玉堂和璧门。据司马迁《史记·封禅书》记载："于是作建章宫……其南有玉堂、璧门、大鸟之属。"郦道元《水经注·渭水二》引《汉武故事》："建章宫北有太液池……南有璧门三层，高三十余丈，中殿十二间，阶陛咸以玉为之。铸铜凤五丈，饰以黄金，楼屋上，椽首薄以玉璧，因曰璧玉门

---

[1] 《洛阳汉代彩画》，河南美术出版社1986年版，第36—37页"砖雕大傩舞蹈图"。

图5　洛阳烧沟61号西汉墓山墙砖雕"二龙升天五玉璧天门图"

也。"①看来铜凤也好,大鸟也好,皆为人间修建的天国之门的神话动物标记。这一点在重庆巫山县出土东汉时期的"天门"文物上,保留着生动的图像证明。

图6　重庆巫山县出土东汉鎏金铜牌饰:门阙,中央玉璧,上书"天门"二字
　　左图:标本A3　　　　　　　右图:标本A2

下面是考古报告对"天门"图像铜牌饰标本A3(出土于巫山县土城坡东井坎)的描述:

  直径27.5、边框1.4厘米。中间有钉孔。铜牌的图案也以人物、双阙为主。居中为圆璧纹,璧下正中有一人物,戴笼冠,面部

---

① 王国维:《水经注校》,见《王国维全集》第十二卷,浙江教育出版社、广东教育出版社2010年版,第615—616页。

因刻划不准确而略显漫漶。人物端坐,双手合于胸前,胸及肩部有羽形饰,向两侧延伸呈卷云纹。人物两侧有双阙,上下贯通画面,高23—24.5厘米,两阙形制相同。阙身柱形,收分明显,……两阙间有人字形饰物,其下用双线形刻划出隶书"天门"榜题。在圆牌饰的边缘有瑞禽兽和仙果、莲花、云气纹等。上方是三足乌,阙两侧各有一个瑞兽,右侧为虎,左侧不详。①

在墓葬中放置天门铜牌饰,其文化功能意义和刻有二龙穿璧一类图像的画像石、画像砖一样,都是以图像叙事方式来祈祝墓主人灵魂飞升到天国圣境,获得永生。秦汉时代与战国时代相距最近,如果熟悉春秋战国时代的玉璧实物,则以二龙升天或二凤升天为神话母题意象的玉璧纹饰,在南方楚国和华北地区都十分流行。在"苍璧礼天"的仪式氛围神话联想中,龙凤神话与玉璧神话就这样融合在一起。至于虬龙背上所负载的神熊,有没有合适的图像叙事证明呢?

三、天熊的神话证明

在屈原的升天想象中,虬龙形象不是孤立地出现,除了《天问》所问到的负熊之虬龙,在《楚辞·离骚》中也讲到:"驷玉虬以乘鹥兮,溘埃风余上征。"王逸注解这里的"玉虬"和注解《天问》时完全一样:"有角曰龙,无角曰虬。"洪兴祖补注:"虬,龙类也。"《离骚》中的虬龙是给主人公驾车的神兽,《天问》里的虬龙则是负载熊的坐骑。在前引洛阳61号西汉墓山墙的"二龙升天五玉璧天门图"中,我们已经看到骑在龙身上的神人形象,虬龙负神人升上天门的想象境界栩栩如生。在同一座墓的另一梯形砖雕图像(被命名为"大傩舞蹈图"②)上,可以看到天界的奇特景致,其梯形中央图像为二龙一凤,两侧以对称图形刻画出两枚垂挂的玉璧,每一玉璧的两侧

---

① 重庆巫山县文物管理所、中国社会科学院考古研究所三峡工作队:《重庆巫山县东汉鎏金铜牌饰的发现与研究》,载《考古》1998年第12期。
② 《洛阳汉代彩画》,河南美术出版社1986年版,第36—37页"砖雕大傩舞蹈图"。

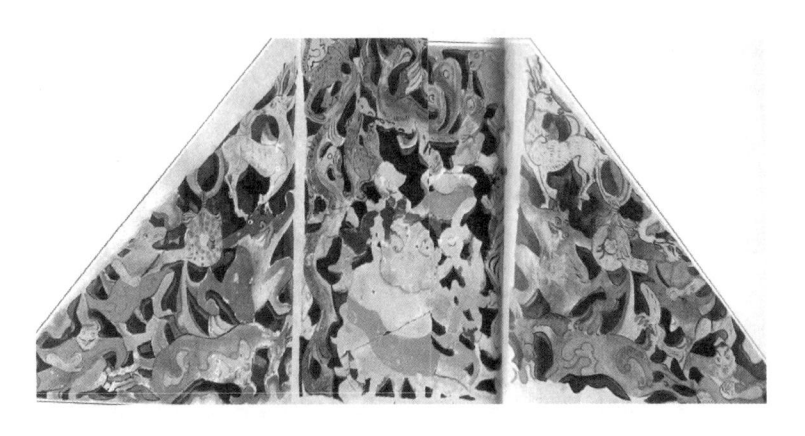

图7 洛阳烧沟61号西汉墓山墙砖雕"天界龙凤四神熊执二玉璧图"

均有二熊,伸出熊掌把持玉璧。值得注意的是,天国之熊不是神就是仙,其表现特征与大自然状态的熊截然不同。四位神熊中位于玉璧外侧的两位身穿彩色服装,手持利刀。他们的脚下踩着两位红衣仙人。玉璧内侧的两位神熊没有服装,他们头顶上方还各有一只回头状的神鹿。目睹这一景象的人,能够十分直观地进入西汉人的天国神话世界,顿时领悟屈原时代所看到的楚国图像"虬龙负熊"所蕴含的叙事内容。

在这个被误读为"大傩舞蹈图"的砖雕图像中,同时出现的三大神话母题——玉璧天门、神熊和虬龙,似乎足以回答屈原的问题,并使得当代的跨学科知识整合,能够在一定程度上还原出战国至汉代人的天国想象之重要细节,重建在永生天国信仰支配下的古人精神面貌。与此相应,在河南出土的一种东汉画像砖[①]上,还描绘出二龙穿璧、四凤拱卫、神熊居天国之中央的完整图像(图8),这就给虬龙与神熊的关系的考证工作带来前所未有的便利。由此不难看出,神熊既不是一般的野兽,也不是一般的神人仙人,而可能充当天国之主神的形象,即文献所说之"太帝"或"天帝"。在河南新野汉画像中的伏羲女娲二神上方出现的神熊,在陕西神木大保当汉画像门楣上出现在西王母与月亮、东王公与太阳之间的天庭中央之熊神,当大体上属于同一神话身份。

[①] 《中国画像砖全集》编委会编:《中国画像砖全集·河南画像砖》,四川美术出版社2006年版,第121页。

图 8 河南出土东汉画像砖（局部）：二龙穿璧、四凤拱卫、神熊居天国之中央

至此，本文对虬龙、神熊、玉璧天门等神话意象的系统梳理和还原重建，大体上给出《天问》"虬龙负熊"说的解读线索。至于天帝为什么会以熊的形象出现，以及神熊、天熊观念的史前大传统起源问题，笔者已经另有论述[①]，于此不赘。

总结本文所论，笔者强调以文物和图像叙事作为文史研究的第四重证据，尽可能生动具体地重建出上古时期的神话想象世界景观，通过系统性的资料梳理和相互对照拼接，给古代文献中无解或误解的疑难问题带来重新关照和重新诠释的契机。《天问》中负熊以游的虬龙是升天的运载工具，而其所负之熊则为想象中天神的动物化身，虽然根本不属于现实世界，但却足以凭借信仰的力量而化虚为实，因为其中承载着古人对天国的幻想和精神寄托。屈原用理性发问神话的方式，将自己如梦幻泡影般的诗情和郁郁不得志全部转化为对另一片乐土的遥想和追问。

---

① 叶舒宪:《熊图腾——中华祖先神话探源》，上海文艺出版总社 2007 年版；叶舒宪:《天熊溯源:双熊首三孔玉器的神话学解释》，载《中国社会科学报》2012 年 9 月 14 日。

高台魏晋墓　三叹熊图腾[①]

一叹熊图腾,发生在个人学术生涯的转折点之年,即八年前(2006年)去赤峰和建平牛河梁调研红山文化,看到五千年前的女神庙和神熊偶像,林西县八千年前的石熊雕像,归来后便写《朝圣牛河梁恍悟熊图腾》小文,随即又扩展为图文小书《熊图腾——中华祖先神话探源》,将黄帝"有熊"这个古来没有解释所以然的哑谜,通过考古新发现的五千年前神庙及熊神文物等,做出背景还原式的重新解读。此后几年,对照各地出土的汉画像中一再出现天国神熊的情况,对这种神兽的功能和源流有了较深入的认识。

2013年慕名来到甘肃静宁县博物馆看齐家玉器之"七宝",意外看到又一件汉绿釉熊形灯台,遂写成《又见熊图腾》小文,刊于《丝绸之路》文化版2013年第11期。算是二次与神熊的不期而遇。2014年7月17日,随第二次玉帛之路文化考察团西行途中,离开张掖,先在张掖西郊的西城驿遗址考古工地调研咨询,随后驱车赶到河西走廊上中段的高台县。由县博物馆的寇克红馆长引领考察。笔者第一次来到高台县,对此地丰富多样的

[①] 原载《丝绸之路》(文化版)2014年第19期。

文化资源早有耳闻:如骆驼城遗址、许三湾古城遗址、地埂坡遗址等,有一批著名的文物古迹遗址,特别是魏晋墓彩绘壁画等。白天天气酷热,遂决定还是先看县博物馆内的精品。

午后两点进入高台县博物馆参观,约一小时后参观结束,在展柜中魏晋墓出土的神熊群像(图1,图2),浮雕加彩绘,线条简练,从汉代的写实风格转向抽象化和模式化的表现。这在中原地区也是十分少见的。以往所知,神熊或熊神形象流行于两汉时期,一般多印证《周礼》而解读为方相氏。而笔者则认为是天国之神的动物形化身,有时明显刻画为位于天国中央位置,让东王公和太阳在左,西王母和月亮在右,是为天国之主神形象,不能简单归为驱邪辟邪用的方相氏。

图1　高台县博物馆藏魏晋墓出土神熊陶像

为什么河西走廊的魏晋墓葬中彩绘熊神群像的情况,不见于中原地区呢?或许是汉王朝覆灭之后,熊神的造型表现传统也随之在中原地区终结,却在天高皇帝远的西域一带继续延续,应验着所谓"礼失而求诸野"的古训。

在高台博物馆看到的最后几件文物,是地埂坡魏晋墓群 M1 出土石龟,我左看右看,总觉得与其说是龟,不如说是熊龟。为什么龟能够有像熊一样雄壮威武的巨大身躯?

后来翻阅古籍,逐渐明白一个道理,即大凡戍边、御敌都需要强有力的神力保佑,神熊形象就这样一直借用并延续到魏晋时期的古墓文物中,因为在汉代从西亚引进狮子这种动物之前,东亚地区最大的食肉动物就是熊。抵御民族国家共同体外部来犯的敌人,最好的防卫方式当然包括精神

图 2　高台县博物馆藏魏晋墓出土神熊群像

信仰的防卫。诉诸最威猛的野兽形象,是天神力量变形转换的通例。《左传·昭公九年》云:"先王居梼杌于四裔,以御魑魅。允姓之奸,居于瓜州。"梼杌的意义有多种:一是传说中的凶兽名。如果现实中的最大猛兽熊还不足以抵御外敌和魑魅魍魉的威胁,那么神话想象一定要塑造出更加强大有力的生物,哪怕具有魔怪的品格也在所不惜。《神异经·西荒经》云:"西方荒中有兽焉,其状如虎而犬毛,长二尺,人面虎足,猪口牙,尾长一丈八尺,搅乱荒中,名梼杌,一名傲狠,一名难训。"又是傲狠,又是难训

（驯），其野性和攻击力可知矣。如果用素描方式描绘出这个人面虎身犬毛的怪异形象，或许类似古埃及金字塔下的神话怪物斯芬克斯吧。梼杌的第二个意思是指传说中的远古恶人或罪人，"四凶"之一。有一种说法认为就是偷窃天帝息壤治水失败被帝所杀的鲧。如《左传·文公十八年》所说："舜臣尧，宾于四门，流四凶族浑敦、穷奇、梼杌、饕餮，投诸四裔，以御螭魅。"同书还说："颛顼氏有不才子，不可教训，不知话言，告之则顽，舍之则嚚，傲很明德，以乱天常，天下之民谓之梼杌。"杜预注："谓鲧。"梼杌一词的第三个意思，是楚国的一种史书名称。《孟子·离娄下》云："晋之《乘》，楚之《梼杌》，鲁之《春秋》，一也。"如今流传下来的只有楚国的《春秋》，列为儒家五经，成为中国第一部国别史。而楚国晋国的两部史书都彻底失传了。还有一种传说认为梼杌作为神兽具有预知未来的本领，楚国史书命名《梼杌》，大概也蕴含着以史为鉴，查往知来的寓意吧。

几天后，在临夏市博物馆，看到该馆与西安的一个文博单位合办的丝绸之路文物展，其中有汉代彩绘陶母熊捧孕腹端坐像，还有汉代黄釉双熊合抱形灯台。二者均未注明出处，推测为陕西或甘肃的汉代出土文物。笔者以前在西安古玩市场也曾购得一尊母熊抱像，与此件区别是灰陶塑像并无彩绘。

可以比照观察的是陕西茂陵霍去病墓西汉石刻人熊合抱像，据传是汉武帝为纪念名将霍去病而专门请顶级工匠御制的雕刻作品。看这尊雕像巨人伟岸身材和较小的熊形身躯的强烈对比：一大一小比例悬殊的形象反差，究竟是表现人与熊合抱，还是人熊（神）搏斗，见仁见智，恐怕永远难有一个现成的定论。

鸮熊再现镇原[①]

2016年1月29日第九次玉帛之路考察团在镇原县博物馆参观拍照,常山下层文化的佩玉巨人墓葬景观,给大家留下深刻的印象和更多的思考。震惊之余,有两件不大起眼的器物,对别人似乎没有什么吸引力,对我而言,却如遇神助一般。这就是出土于当地汉代

图1 汉代黄釉鸱鸮,摄于镇原县博物馆

墓葬中的两件彩釉陶器:一件是现场展出的黄釉鸱鸮立像(图1),出土于屯子镇包城村,高18厘米;一件是《镇原博物馆文物精品图集》第42页展示的红釉神熊坐像(图2),征集于城关镇东关村,高19厘米。汉代人为什

[①] 原载中国甘肃网2016年2月17日。

么喜欢在制作随葬明器时塑造出此类的鸮与熊之陶像,这一鸟一兽的陶塑像会有什么讲究呢?

2015年,我出版一部国学新知识普及型的《图说中华文明发生史》,总结出一个从文化大传统到小传统的远古神圣图腾大置换原理。这个原理在讲学时概括为两句顺口溜,叫作"姬姜从女王"和"鸮熊变凤龙"。姬和姜是黄帝和炎帝的姓,喻指黄炎二帝为早期华夏社会形成期的统治领袖。姬、姜二字皆从女旁,这似乎表明远古姓氏由来以女性为核心的社会文化现象,学术上与此相对应的术语叫作"母系氏族社会",古书上则称为"知母不知父"。黄帝族崇拜熊图腾,故其国号为有熊。从黄帝的孙子颛

图2　汉代红釉色陶熊,镇原县博物馆藏品

项,再到夏代始祖鲧和禹,再到后代的楚国王族,崇拜熊的文化现象一直没有中断,表现为鲧化黄熊神话,大禹治水化熊开山(轩辕山,这个山名就隐喻着黄帝族名号记忆)神话,以及历代楚王登基后由芈姓改称熊某的惯例。最近热闹一时的电视连续剧《芈月传》让"芈"这个冷僻的姓风靡天下,变得尽人皆知,却很少有人知道,这本是楚王族的尊姓,却在登上王位后一律不再称"芈",而要改称"熊"。有人解释这是以氏为姓,其实不然,这是对黄帝有熊圣号的一种呼应,隐含着熊图腾的远古信仰真相。司马迁《史记》所记,楚国始祖从鬻熊到熊丽、熊狂、熊绎、熊艾,一直到亡国之前不久的楚考烈王熊元,一共有近三十代王,都以熊为圣号。楚国被秦国所灭,熊图腾或熊神的文化记忆通过汉代的文物造型而继续着其深远的传承。那就是汉画像石中常见的天国仙境中的天熊形象,有时位于西王母和东王公的中央位置,显得非常突出和无比神圣。还有汉代陶器青铜器经常

见到的三熊足造型模式,其隐喻的神话宇宙观是神熊顶天立地,贯通天地人鬼三界。

至于鸮即猫头鹰,从仰韶文化到红山文化一直崇拜为尊神化身(图4)。和整个欧亚大陆上史前时代发现的母神信仰一样,猫头鹰是代表昼夜更替现象的阴阳转换之神,也就是隐喻着生命和死亡相互转换的母神。到商代时作为鸟图腾的正宗形象,压倒夏代的熊图腾,大量出现在殷商文物造型中。国家博物馆和河南博物院的双料镇馆之宝,安阳殷墟妇好墓出土的一对精美无比的青铜器鸮尊(图3),就是商代图腾信仰以鸮为"玄鸟"的明证。更不用说台北南港的

图3 商代鸮尊是汉代陶鸮的原型,年代也早一千多年。同样的鸮尊在安阳殷墟妇好墓出土一对,这件藏在河南博物院,2013年摄影

"中研院"博物馆陈列的殷墟1001大墓出土大理石神鸮形象了。西周人推翻商朝,为取代玄鸟崇拜而特意炮制和宣扬"凤鸣岐山"神话,从此后的国家意识形态将鸱鸮完全妖魔化,打入冷宫,成为凤凰的对立面,影响到随后三千年的中国文学表现传统。文人墨客将鸱鸮被贬为恶鸟和不孝鸟,再也不能抬起头来。虽然有西汉大文豪贾谊作《鵩鸟赋》,依然让鵩鸟即猫头鹰充当智慧大神的角色,但是时代语境变迁,大传统的神圣已经日渐失落,猫头鹰还是被后人曲解为勾魂的神秘使者,暗示着死亡与灾祸。唯有汉代文物造型中,在随葬阴间冥府的明器一项中,保留着远古母神鸱鸮的身影,那就是形形色色的陶鸮。最显著的一件是三门峡博物馆展出的一件汉绿釉陶鸮,器形硕大而威武,多少保留着商代青铜鸮尊的神圣性色彩。

相比之下,镇原县博物馆展出的这件黄釉陶鸮就显得小巧玲珑一些,唯有圆圆的一对大眼睛,似乎在活灵活现地注视着千古之后的所有参观者。

图4 陕西华县出土仰韶文化陶鸮面,距今六千年,摄于北京大学塞克勒博物馆

图5 河北易县燕下都出土战国镏金铜牌鸮熊抱双羊线描图

鸮与熊合为一体的神话化形象,在上古艺术中也有所表现的,如河北易县燕下都遗址出土战国时代的鸮熊抱双羊镏金铜牌(图5)。汉语成语"一代枭雄"的原型,就应该是此类神话化的鸮熊形象。至于"英雄"与"鹰熊"的谐音联想关系,已经有乾隆皇帝的御制诗句在先,这里就无须再多费笔墨。